贛文化通典

——

詩詞卷　第四冊

目錄

第二編　宋元江西詩詞（上）

第三編　宋元江西詩詞（下）

第四編　明代江西詩詞

第五編　清代近代江西詩詞

第五編　清代近代江西詩詞

　　關於清代文學分期，歷來有分歧，多為三分法、四分法，但上下限的具體時間又有不同。鑑於清代江西詩詞的具體情況，本書把它分為四個時期：①清前期，即順治、康熙、雍正三朝，計九十二年；②清中期，即乾隆、嘉慶兩朝，計八十五年；③清後期，即道光、咸豐、同治、光緒（至 1898 年「戊戌變法」前）四朝，計七十七年；④晚近期，即光緒（「戊戌變法」始）、宣統二朝（至 1911 年），計十四年。

　　清代江西詩詞，由清初的承明之衰弱餘緒，到清中期的鼎盛，再到清後期直至晚近，江西詩詞仍保留旺盛之勢。至五四運動，以古語為載體的古典詩詞逐漸淡出歷史舞台，江西詩詞也不例外。清代近代的江西文學，總體而言呈現出一種由漸次復興到淡出的態勢。順治、康熙、雍正三朝為清前期，歷時近百年，江西文學未能與全國同步繁榮。易代之際，大順之後南明猶存，民族矛盾異常尖銳，遺民作家如陳弘緒、干猷定、「易堂九子」、陳允衡、賀貽孫等，唱出了「百折氣不同，寧為中原鬼」的慷慨悲歌。尤其是巾幗壓倒須眉的劉淑英，以詩詞寫其傳奇一生，辭氣激越，慷慨豪邁，展示了抗清志士的膽魄與風範。明朝宗室朱中楣入清以後的詩詞，多表現她對往昔美好生活的懷戀，暗寓家國之痛、黍離之悲，格調哀婉。遁入佛門的賀貽孫、布衣終身的劉命清，於易代之際表現出另類不合作的態度，但都能潛心於詩詞創作，或充滿大丈夫豪氣，或寄托家國淪落的感傷。即便是被正史列入貳臣的李元鼎、熊文舉等，也一樣關注國家命運與社會現實，詩詞中暗寓興亡之感與故國之思。與清王朝一起成長起來的新生代詩詞作家如李紱、萬承蒼、甘汝來等，淡化或壓抑了父

祖輩的故國情節，帶著強烈的社會責任感，積極投身於時代的洪流中，書寫社會人生，流露出悲天憫人的情懷。另外，這一時期江西文壇還有一道獨特的風景：李元鼎與朱中楣、熊文舉與杜漱蘭兩對夫婦之間的詩詞唱和，琴瑟和鳴，傳為文壇佳話。

乾隆、嘉慶兩朝為清中朝，江西文壇繁榮昌盛。乾隆朝的蔣士銓、彭元瑞都是詩詞名家。尤其是蔣士銓，可謂清代文壇巨擘，詩、詞、文、曲，無不擅長，成就非凡。王昶稱其詩首屈一指，袁枚稱其為奇才，錢仲聯稱其詩曲「在整個清文學史上恐怕不得不指為絕無僅有的一家」（錢仲聯《蔣士銓研究資料集·序言》）。從轉益多師（李商隱、杜甫、韓愈、蘇軾、黃庭堅）到不復依傍、自成一家，成就了他文學史上大家名家的地位。彭元瑞與蔣士銓合稱「江右兩名士」，文才稱奇，學術成就很高。同時稍後的曾燠，以才力富豔負盛名。其詩「如鷹隼脫鞲，精采溢目」（洪亮吉《北江詩話》），駢文為清朝「駢文八大家」。為言語磊落風雅，與乾嘉間優秀詩人黃景仁齊名，並稱為「一時之二傑」，詩名遠播海外；日本商人重金購買其詩扇；朝鮮吏曹判書金魯敬得其所著詩，以梅花一龕供奉之，稱為「詩佛」。他與樂鈞一起擔負起承繼蔣士銓的重任，體沿六朝而規格似「溫李」（溫庭筠、李商隱），其清婉處近於「元白」（元稹、白居易），而下匹吳偉業。袁枚以才自負，亦心折其詩，讚其詩「清絕」「超妙」「天籟」，還有人刺繡其詩以流傳。

道光至光緒二十四年為清後期，江西文壇仍然興盛不衰。黃爵滋在京常與友招客論文，飲酒賦詩，並同宣南詩社成員詩酒往還，漸有詩名。工於詩文，頗有建樹，飲酒賦詩，意氣豪甚，

「詩循杜、韓正軌，縱橫跌宕，才氣足以發其學」(《晚晴簃詩匯》)，尤擅五古，典雅淳厚，格調高昂。呼應禁煙創議，始終主戰，留下英名。高心夔不僅學識博洽，精於小學，而且工於詩。其詩受魏晉詩人尤其是陶淵明的影響最明顯，自號「陶堂」。在遣詞造句上較多生新創奇。詩風沉雄峭拔，詼詭不測，屬近代以擬古詩歌為標榜的「漢魏六朝詩派」主將之一。王闓運稱其詩「少擬陸(機)謝(靈運)，長句在王(維)、杜(甫)之間。中乃思樹幟，自異湘吟」(《湘綺樓說詩》)，李慈銘讚其「文學為江右之冠，己未、庚申兩榜中人，罕能及之者」，可見他在清後期文壇的名家地位。愛國詩詞作家文廷式，其詩詞創作曾得到黃遵憲的高度評價，其詞被認為在清代浙西、常州二派之外，獨樹一幟。他的一些豔詞，風格接近花間詞風；其撫時感事、言志抒懷之作，則以蘇軾、辛棄疾為宗，或慷慨激越、抑鬱幽憤，或神思飄逸、清遠曠朗，大都藉景言情，托物詠志，兼有豪放俊邁、婉約深微的特點，在清代詞史上享有很高的聲譽。此時江西文壇的領軍人物陳三立，為「同光體」代表人物之一。其詩初學韓愈，後師山谷，好用僻字拗句，流於艱澀，自成「生澀奧衍」一派。「其詩不用新異之語，而境界自與時流異，醇深俊微，吾謂於唐宋人集中，罕見其比。」梁啟超《飲冰室詩話》)汪辟疆在《光宣詩壇點將錄》中推其為「及時雨宋江」，即「同光體」首領，可見陳三立在晚清詩壇的地位卓著。

　　近代江西詩詞緊承西江文脈及同光餘緒，人才輩出，聲氣風格，各具特色，在整個近代詩詞創作中產生了很大影響，備受詩壇和學界矚目。此時江西詩詞作家主要有兩部分：一派是受陳三

立影響，承襲同光體的詩人，以華焯、胡朝梁、王浩、王瀣、曹東敷、吳天聲、邵祖平為代表，這些詩人力學宋詩，沉鬱徐婉，在創作中沿襲陳三立所開闢的近代江右詩風，構成了近代江西詩詞創作的主體。一派是近代江西學人中能詩詞者，以夏敬觀、陳寅恪、胡先驌、王易、楊杏佛、龍榆生、歐陽祖經為代表，這些學人綜貫中西，學問廣博，在創作中並不囿書齋一隅，或感憂時事，或詠物抒情，其寄托之深遙、典實之博雅，至今為人所仰目，是近代江西詩詞創作的中堅和核心。此外，分布在社會各界的詩人，如熊式輝、王有蘭、盧印農等，機抒自出，風格各異，從不同角度深化和發展了近代江西的詩詞創作。

　　總之，清代近代江西詩詞自始至終都保留了一種較為旺盛的生命力，名家大家不少，在全國都有較大的影響。強烈關注現實和民生，內容充實，多故國之思與民生之虞，經世致用的理念一以貫之，體現了民族性與時代性的特點。

清前期江西詩詞

　　清前期是指順治、康熙、雍正三朝，共九十二年。這時期的文壇上主要是明清鼎革之際的遺民作家和清初成長起來的作家創作的作品。清初詩歌力圖改變明末冗弱空疏的習氣，無論是激烈抗爭的遺民，抑或屈辱變節的降臣，其詩作都關注社會現實，內容充實，多有故國之思，體現了民族性和時代性。而抒寫個人情感的詞也呈現出復興的態勢，形成了繁榮的局面。清前期著名的詩詞作家如顧炎武、黃宗羲、王夫之、吳嘉紀、屈大均和被稱為「江左三大家」的錢謙益、吳偉業、龔鼎孳以及陳子龍、陳維崧、朱彝尊、王士禛、納蘭性德等，都不是江西人。只有被稱為「清初三大家」之一的魏禧（他和侯方域、汪琬並稱）才是大家，也僅限於散文領域。可見，此時是清代詩詞的繁榮與復興時期，但江西詩詞早已不占主流地位。

　　清詩有強烈的現實性這一個性特徵是從清初開始的，江西詩歌也不例外。無論是激烈抗爭的劉淑英、念念不忘舊朝的朱中楣、遁入佛門的賀貽孫、布衣終身的劉命清、積極仕進的李來泰，抑或屈節仕清的李元鼎、熊文舉，還是新生代的甘汝來、萬承蒼、李紱，都表達了對國家命運與現實人生的強烈關注，或多

故國之思，或多民生之虞。

　　清詞雖多抒寫個人性情，但因詞人多生當易代之際，家國之思使兒女情長的詞多了一些厚重感與沉重感。這在江西詞人如朱中楣、劉命清、周卜年的詞作中也多有表現。

　　這時期其他的江西詩詞作家還有：游東昇、魏際瑞、劉欽鄰、傅宏烈、游恢、彭廷訓、王泰甡、甘顯祖、魏允迪、王世章、喻撚（女）、丁宏誨、丘瑟如（女）、聶先、謝季蘭（女）、李振裕、鮑夔生、李伍渶、曾喆、許宜媖（女）、歐陽德榕、朱軾、曾寬、湯永寬、黃御袍（女）、周斯盛、尹世琇、尹啟超、尹天球等，他們為清前期江西詩詞創作貢獻了力量，為清中期江西詩詞的繁榮作了鋪墊與蓄勢。

第一節 ▶ 李元鼎、賀貽孫、李來泰

一、李元鼎

　　李元鼎（1595-1670），字梅公，吉水人。明天啟二年（1622）進士，授行人。遷吏部稽勳主事，調文選。歷升光祿少卿。甲申，京師陷，族叔邦華殉難死，元鼎守柩旁，不忍去，被清軍逼迫而降。順治二年，授太僕寺少卿。遷太常，凡郊廟祭祀諸大典，元鼎裁定者居多。歷官兵部左侍郎。既而優游林下，以詩文自娛十餘年，康熙九年卒於家。以子振裕貴，加贈戶部尚書。生平事蹟見《江西通志》卷七十九、《清史列傳·貳臣傳》《全清詞·順康卷》等。

著有《石園集》《灌硯齋文集》，其《石園全集》三十卷（《石園詩集》二十二卷，《灌研齋文集》八卷）見於《四庫存目叢書》集部第一九六冊。

　　李元鼎以詩詞文著稱，而詩尤為錢謙益、朱彝尊、施閏章等人所推重。宋犖為其文集作序，曰：「其詩若文，皆真機流露，輸寫性情，不假雕繪，多自得之趣……讀公晚年諸作，宦意雖忘，文情益壯。」[1]熊文舉序其集曰：「瀏覽前後諸篇什，沖淡則韋應物，沉雅類曲江，悲壯合高岑，清適如王孟，興會標舉，風緒橫披，造乎混淪，歸於極則。」[2]陳弘緒序曰：「先生著作滿家，而詩尤盛傳於世。頃，投余《石園詩集》計二十種，自著凡十五種，遠夫人倡和凡五種。余得而竟讀之，宏博藻麗，清新俊逸，沉著頓挫，無不畢具。而蔽以一言，大抵不離所謂超然者，近是。當其掇高第，陟華臚，翱翔審官之堂，優游卿月之署，日共賢士大夫投壺雅歌，銜杯刻燭，作為《清廟》《明堂》《鐃歌》《橫吹》諸篇，何其奇而壯也。已而，憫時悼俗，憂讒畏譏，辭閭閻以遠游，厭承明而脫屣。於是，浮徐泗，涉長淮，徘徊三湘七澤間，興悲於鴻雁之賦，隕涕於沔水之章，抑何怫郁而多懷也。未幾，蓬萊清淺，大廈摧頹，巨室有中谷之嗟，名族無喬木之倚，曾日月幾何而江山不可復識，相與混跡樵蘇，寄情圖史，一委以吟詠嘯歌，以消耗寒暑，又何其磊落而恬淡也。蓋先生之

1　《石園全集》宋犖序，《四庫存目叢書》集部第 196 冊，第 2 頁。
2　《石園全集》熊文舉序，《四庫存目叢書》集部第 196 冊，第 3 頁。

遭逢屢變，而詩亦因之屢變，乃其中之超然者，歷終始而不渝，隨所揮灑而皆不可掩。」[3]

其詩現存一二一五首，詞一〇二首（包括夫人遠山氏朱中楣原詞和梅公和詞），文九十九篇。題材內容較豐富，舉凡羈旅、懷古、題畫、贈友等均有，吟詠山水，嘯歌山林；風格多樣，或宏博藻麗，或清新俊逸，或沉著頓挫。宏博藻麗者如《同邑有友人過訪寓舍授以二詩依韻答之》：

> 棲托湖滸鳥夢遲，且因文酒共支頤。蟬慵墨沈餐雞跖，蛛隱荷衫傲鹿皮。戎馬歌殘孤劍在，風霜字挾一筇隨。山中甲子余空老，慚說柴桑紀義熙。
>
> 時艱未易賦岩阿，采采芙蓉覆短蓑。話到家山稽客遠，帆吹桑海故人過。潭深鈷鉧啼元豹，月落瀟湘冷翠蛾。望望枌榆堪結社，扁舟何日醉煙蘿。

二詩用事宏博，辭采藻麗，典雅古奧，磊落而恬淡。近似詩歌如《灌瓦硯詩並序》：

> 余家有古硯，得之金陵老友薛更生，其世藏也。硯形五瓣若梅花，色如金粟藏經紙，中邊血斑翡翠隱起，似出土銅，叩之作金玉聲。細膩發墨，亦奇珍矣。相傳為灌嬰廟

3　《石園全集》陳弘緒序，《四庫存目叢書》集部第 196 冊，第 7 頁。

瓦，洪容齋守贛時獲於雩廟。左池蘉為《硯銘》以章之，語載《續筆》中。辛丑秋日，余偶游雩陽，考郡邑志益信。志云：「硯重十斤，剜闕兩角，其光沛然，色正黃。」餘硯光色則同，但厚止二寸許，重不及十之一二。豈後人剖而成器，不止余之一硯邪？嗟乎！灌將軍往矣，今欲尋其廟之故址，無有識其處者。獨此一硯，令人憑弔，欷歔而不忍置此。吳融所為賦古硯，有「塵土依人而伍瓊瑤」句，蘇子瞻銘龍尾而云「閱人於古今」，蓋感慨繫之矣。因賦小詩，貽同志者和焉。

梅花硯久伴鐙青，金質黃流范古硎。漢代何人尋灌壘，雩陽有志紀洪銘。方之銅雀歌鐘遠，潤以玉蟾戰血熒。珍重傳家供翰墨，毋煩端歙斫山靈。

風格沉著頓挫者如《宿蕭季公梅檀林》：

分取春浮一曲餘，胸中丘壑總如如。廊陰晚接花前檻，閣影深搖竹外居。雨過煙沈迷棹遠，月來樹隔得鐘疏。西莊曾復招裴迪，我欲相從更結廬。

山林之趣與羨友之情，以內轉之潛氣出之。又如《有客》：

有客談遺事，殷勤問往年。情飛滄海外，淚落夜鐙前。荒塞聞鸚鵡，空山泣杜鵑。一尊聊取醉，身世總茫然。

　　因有客談往事而憶當年，一醉之後更覺身世茫然，懷舊悼今之情溢於言表。悲情彌漫，沉鬱頓挫。類似之作還有：

　　長堤漠漠散荒煙，滿路寒鴉噪野田。世事波濤舟楫外，中原涕淚酒杯前。關河夢斷殘歸鶴，霄漢星回冷麗娟。何處笳音催晚角，牙旗獵獵水雲邊。（《和王鐵山少司空》）

　　插艾憐時序，銜杯共友朋。可堪今夜雨，偏妒一年鐙。舫靜歌聲邈，波喧岸影增。天涯萍聚處，痛飲記吾曾。（《五夜余澹心涂次尾及同鄉諸兄招飲河房時大雨如注經宵不歇醉歸走筆記之》）

　　撫今追昔，涕淚杯前，天涯萍聚，痛飲解愁，情何以堪。

　　風格清新俊逸者如《香爐峰》：「攜得仙人白玉笻，夜深無語對青松。曉來霧起千山暝，獨出香爐第一峰。」寫景狀物生動傳神，語言清新，俊逸中不乏豪氣。類似詩歌還有《得文信國羅文毅鄒忠介三先生真跡喜成一律》：「偶集先賢跡，淋漓發古香。慨然思異代，況乃盡同鄉。字挾風霜氣，人爭日月光。茲游殊不負，世世付珍藏。」得鄉賢書法真跡而喜為歌吟，發思古之幽情，自勵自勉，鄉梓情切。

　　總之，李元鼎喜從文士游，學步宋詩，不隨流俗，「詩歌不落王、李、鐘、譚窠臼，追慕歐、梅，頗具意境」[4]。

4　錢仲聯主編：《清詩紀事》（三）順治朝卷引鄧之誠語，江蘇古籍出

其詞，雖然不以此名家，且數量也不多，但不乏可讀之作。如和其夫人的《搗練子》二首，就頗為清秀拔俗：

　　妝乍洗，露芳容，楊柳腰輕不耐風。遙望橋西桃李色，一江春水駕雙虹。簷雨滴，岫雲濃，溶溶碧水映愁容。底事芙蓉羞不解，滿頭釵鈿怨飛蓬。

李元鼎和夫人朱中楣詩詞唱和，琴瑟和鳴，傳為文壇佳話，更是令後世豔羨不已。

二、賀貽孫

賀貽孫（1606-1689），字子翼，永新人。先祖賀祈年，「俠而好文，富而好義」；祖父賀嘉遷，業儒，殫精易義，為人師有聲譽；父親賀康載，號青園，萬曆朝舉人，曾任浙江西安縣令，有政聲；貽孫九歲能文，稱為神童。時江右社事方盛，他與陳宏緒、徐世溥等結社豫章。明亡後，隱居不出。順治七年，督學使樊纘慕其名，特列貢榜，不就。康熙時，巡按御史笪重光以「博學鴻儒」薦，書至，愀然曰：「吾逃世而不能逃名，名之累人實甚。吾將從此逝矣！」乃剪髮衣緇，逃入深山。其晚年，家益落，布衣蔬食，無慍色，惟日以著作自娛。生平事蹟見《清史列傳》、清同治《永新縣志·人物志·列傳》等。

版社，1987年版，第1531頁。

　　著述主要有《易經觸義》《詩經觸義》《騷筏》《詩筏掌錄》《激書》《水田居文集》及《浮玉館藏稿》等，其《水田居文集》見於《四庫存目叢書》集部二〇八冊。既有經學研究和文藝評論，又有詩詞散文作品，著述甚富。後人評曰「於史有論，於經有文，於士有傳，於時有評」。清咸豐朝進士賀恢在為《詩經觸義》作序時評曰：「禾川族子翼先生，等身著述，嘉惠士林。《史論》出，識者擬之蘇氏；《激書》出，論者比之莊子；《詩筏》《騷筏》出，推為風雅功臣；詩古文出，上匹唐宋大家。」

　　賀貽孫長期避亂於鄉村，以「水田居士」「水田道人」自居，有機會接觸社會最底層的百姓，故勞動人民的疾苦常流露於他的筆端。如《村謠》三十二首，以民謠的形式，反映了黑暗動蕩的社會生活和廣大民眾的苦難。「嬌妻嫁去抵官銀，臨別牽裙吏尚嗔。夜夢都忘身在械，枕邊猶喚舊時人。」「役重偏愁有此身，今生髓竭莫辭貧。鬻兒權作斯須喜，明日早餐省一人。」百姓賣兒賣妻抵官銀或重役，可見賦稅沉重。以賣兒而喜的反常心理，反映了百姓掙扎在死亡線上的悲慘境遇，令人不忍卒讀。又如《野哭》：

　　　　哭聲連夜近，焚紙又招魂。何事人煙薄，都為鬼火昏。歸鴉失故苑，嘶馬繞空村。我亦愁人侶，傷心早閉門。

　　這類詩歌深刻反映了明末清初戰亂頻頻、生靈塗炭、滿目瘡痍的社會面貌，反映了百姓們干戈亂離、人命危淺的現實，讀之淒切哀憫，不勝其悲。正如他自己所說「喪亂之後，余詩多哀怨

之旨」,「以哭為歌」(《自書近詩後》)。可以說,賀貽孫的不少詩歌是當時歷史的真實記錄,具有「詩史」的意義。

另外,賀貽孫還有一些寫景狀物、抒懷言志的詩歌,比較有成就。如《雨》:

> 急雨來石壁,飄然空外瀉。遠樹濕殘紅,徘徊鶯不下。好鳥尚惜春,孤花已報夏。鐵馬從東來,陰雲慘欲射。誰向蟠溪隱,蓑笠恐不暇。寄愁與東風,注目寒江夜。

寫春末夏初的一場急雨飄然而下,太突然太迅猛,使花凋零,使人也措手不及。夜色中,詩人佇立在寒江之濱,迎著春風,愁緒滿懷。全詩寫景細緻,抒情婉轉含蓄,用典妥帖。又如《秋懷》二首:

> 蟋蟀復蟋蟀,聽爾當窗織。秋聲從爾出,萬籟又瑟瑟。清商本無心,耳目漫相易。塞北有佳人,玉顏不及惜。長抱悲秋心,徘徊淚沾臆。晚雨滴芙蓉,如見明妃泣。年年胭脂山,負此高秋色。
>
> 霜氣飽黃花,霞光醉白鳥。山高秋復高,秋逐煙與草。物性相因緣,誰能割昏曉。我心同孤月,淡蕩寄天表。不夜魄常圓,無雲風自掃。秋色本自如,何勞費幽討。世人貴耳目,漫羨素娥皎。躡梯上廣寒,不識門前道。惆悵月中人,銀丸弄空藻。

　　二詩於狀物寫景中抒情寫意，觸景生情，兼以議論，別抒懷抱，但意緒不出悲秋藩籬。再如，他在《雜興》詩中說：

　　　　勞不息惡木，渴不飲盜泉。所以慷慨士，不忍受人憐。白刃隨其後，黃金誘我前。一身且不惜，富貴安足牽！丈夫重意氣，要令俠骨堅。捐生終非尚，捐名乃為賢。

　　表露出潔身自好的心志，充盈著「富貴不能淫，威武不能屈，貧賤不能移」的大丈夫意氣。尤其值得一提的是，賀貽孫留下了不少具有豪邁情懷、充滿陽剛之氣的詩詞。詩歌如「丈夫重義氣，要令俠骨堅」（《雜興》），「百折氣不回，寧為中原鬼」，「夜空咄咄夢冷冷，杯長看劍影猶橫」等，一股大丈夫的豪氣躍然紙上。清軍入關後，賀貽孫面對大好河山被清兵蹂躪踐踏，在一首《漫興》詞中憤然寫道：「鋼刀擲地，鏽血模糊成恨字。借問誰仇？掌大河山不掩羞！眼光如電，不見英雄塵土面。卻向吳門，淚灑西風古俠魂！」這些雄渾沉鬱的詩詞，淒婉中透著冷傲，悲情裡挾著豪邁。即便是柔豔風格的詞，也別有一番情致，難怪他說自己的詞「悲憤之中，偶涉柔豔，柔豔乃所以為悲憤也」（《詩餘自序》）。可以說，悲憤是其詞的基調和底色。

三、李來泰

　　李來泰（1624-1682），字仲章，號石台，臨川人。順治九年（1652）進士，授工部虞衡司主事。順治十二年，出督江南學政，所拔皆孤寒知名士，飭學政十二事，一時公明稱最。順治十

七年，巡視漕河。康熙五年（1666）整飭蘇、常水利農務，裁缺歸里。康熙十七年（1678），以博學宏詞徵。明年，授翰林院侍講。康熙二十年出典湖廣鄉試，復命，以勞瘁卒於京邸。來泰歷官勤慎，皆有政績。文學該贍，於視學尤為稱職，錢謙益為之作《去思記》。生平事蹟見《清史列傳》卷七十《文苑傳》一、《江西通志》卷八十二《人物》十七等。

所著有《蓮龕集》四十餘卷，毀於兵火。現存《蓮龕集》十六卷（賦一卷、詩三卷、文十二卷，雍正中李來泰之從曾孫李天申掇輯而成），《四庫存目叢書》集部二二二影印清雍正李轍等刻本。沈德潛《清詩別裁集》稱其「詩以平正通達行之，能者不拘一格」，徐世昌《晚晴簃詩匯・詩話》評曰：「石台詩文俱雅潔。」**5**

其詩，題材不外乎紀游寫景、羈旅行役、酬唱贈答、題畫挽歌等內容，風格以平正和雅為主。如寫景紀游之作《青雲峰》：

> 拄笏看朝爽，南山第一峰。三眠荒堞柳，五鬣廢台松。
> 古燒煙猶滴，遙原影自重。相看殊未厭，空翠正春容。

寫游覽南山第一峰所見景致，一片荒廢慘敗之狀，但詩人卻能與它相看兩不厭，並領略到此中的空翠與春容，頗有禪味。又如：

5　《清詩紀事》（三）順治朝卷，引語，第 1835 頁。

　　過江義學重珠林，慧業文人自古今。貝葉燈傳春草夢，
蓮花香散石楠陰。雨暘舊谷靈巖靜，日月長源碧澗深。領取
泥洹公案在，還從屐齒證清音。（《翻經台》）

　　聞道元文藏石室，神羊一角隱仙蹤。清風近拂三三曲，
紫氣平臨六六峰。路啟五丁雲自秘，書傳二酉洞仍封。低徊
片石猶堪語，欲倩桐鯨叩巨鐘。（《羊角石》）

二詩同樣是紀游之作，字裡行間具有禪語禪味，風格倒是雅
潔靜穆。羈旅行役之作如《湖口》：

　　舊日題名處，春風又綠蕪。合流江九派，砥柱石雙孤。
樹色遙分楚，舟行已盡吳。只慚漁父問，能賦石鐘無。

寫舟行途徑湖口所見所感，吳地已遠，楚天已近，江流分九
派，中流砥柱之石雖雙而孤，羈旅之愁盡在不言中，抒情寫意，
婉轉曲折，風格和雅。又如《舟中晚晴》：

　　霖鈴歌遍濕金徽，倚棹初迎翠影微。喜近月輪添暮色，
還占風角問朝暉。黏雲修尾垂垂下，貼水輕翎款款飛。見說
江天方晚照，沙邊重理綠蓑衣。

風雲月露、落日朝暉、飛鳥孤舟、漁歌情懷，一溶於詩，尺
幅千里，時空感強。羈旅之感被自暮至朝的江天美景以及喜悅之
情所取代，實則以麗景寫情，以樂景寫愁，以喜寫悲，風格仍舊

平正雅潔。

酬贈之作如《為吳起凡贈許貞甫南還》：

　　六載煙塵暗江滸，雕闌十二春無主。累累軍前半死生，
桃花血漬燕支土。落花飛絮總成塵，青冢還留現在身。只驚
赤白囊中羽，誤作丹青畫裡因。高陽老人能任俠，間關萬里
隨俘獲。氣激情親解動人，相逢燕市悲歌客。白頭宮監住京
華，慷慨曾傳古押衙。金錢自系將軍樹，婉孌時回阿母車。
感君高誼為君起，盡解金羈脫骨靡。從知今日慶其蘇，敢憶
當年嘆如毀。別有延陵一片心，鶯雛燕老信沉沉。與君同和
南飛曲，脫葉隨風識故林。

送別贈答之作以七言古詩的形式來寫，更有舒展回旋的餘
地，紆徐婉曲。此詩以懷舊意緒表達別情無極，文字揮灑中蘊含
真情，風格平正通達。類似題材之作如《覺塵余故人子也以僧來
謁書此贈之》：

　　昔年曾訪王官谷，故苑飄零事已非。為問故人誰白髮，
忽驚孺子變緇衣。江湖道遠麇能逸，丘壑心存鵠自違。太息
廿年塵土夢，鈍根未解箭鋒機。

故人之子覺塵和尚來謁，詩人以詩贈之。昔日的孺子如今已
成方外之人，二十年似一幻夢，恍如隔世，令人唏噓不已。以禪
語入詩，頗見機鋒。又如《王西屏先生虔事佛母得異木備岩壑之

奇用承趺坐以頌賦見示為題二章》：

　　異植疑分自竺騰，浮來趺下見奇徵。賦心詎止拈枯樹，象教應如頌古藤。體具真形圖五岳，坐移光影悟千鐙。何時親展楞伽路，認取香岩最上層。

　　盈笏都將萬象含，真如莖草建精藍。疆藏蠻觸圖難盡，蟄隱蛟螭氣尚酣。秘笥渾疑開篆籀，壚煙長為起雲嵐。知君胸具閒丘壑，來與維摩共一龕。

　　二詩更是禪語滿篇，以禪入詩且多議論，風格近於宋人。此外，還有題畫與挽歌之作。題畫詩如《題海虞邵氏草花圖》：

　　《竹杖》歌斷楚雲殷，拾取江蘺杜若還。卻笑當年黃子久，只將痴筆寫虞山。

　　雖是題畫詩，卻並未拘泥於原畫的意境情趣，而是借題發揮，別抒懷抱，風格雅潔。挽歌之作如《挽鄭寶水參藩》：

　　聞道心如水，遺風滿八閩。山川存正氣，湖海識遺民。太息壺頭日，淒涼谷口辰。東南耆舊盡，哀些若為陳。

　　此詩是作者為參藩鄭寶水所作挽歌，對鄭氏的人品與遺風所及大加讚頌，對其淒涼之境遇寄予同情與惋惜，為耆舊的零落而傷悲，詩風慷慨悲涼。

第二節 ▶ 甘汝來、萬承蒼、李紱

一、甘汝來

甘汝來（1684-1739），字耕道，號遜齋，奉新人。甘顯祖長子。康熙五十二年（1713）進士，以教習授知縣，補直隸淶水知縣。雍正二年，任太平府知府；三年，任左江分巡道，同年升廣西按察使，雍正四年升廣西巡撫。雍正十年，署廣東布政使。歷官至兵部、吏部尚書。乾隆四年五月贈太子少保，七月卒。乾隆四年十月，諡莊恪。生平事蹟見《江西通志》《廣西通志》等。

所著有《甘莊恪公集》。乾隆四年（1739）春闈，沈德潛出其門下，後沈氏為甘汝來遺集作序。現存《甘莊恪公全集》十六卷附一卷，清乾隆賜福堂刻本，見《四庫未收書輯刊》第八輯第二十五冊第五〇五頁。沈德潛序曰：「讀公奏議、折子，則經世保邦之功備焉；讀公條例、告諭，則化民成俗之機裕焉；論議以闡道理之正，策問以籌濟時之方，其他箴銘、記序、傳贊、碑版，皆有關於學問之深醇、心術之純粹，與夫人品事功之可傳久。即至作賦詠歌，皆炳焉，與古人同風，而不止見長於體物瀏亮，緣情綺靡之列，即不必規規焉。求同於燕許以下諸公，而理足體高，辭文旨遠，實有異代同符者，此豈雕文纂組從事於聲華格律之間者所能等量齊觀也耶？」[6]徐世昌《晚晴簃詩匯・詩話》

云：「莊恪詩文皆不輕作，涉筆所及，俱流露性情。」[7]

其詩多記事之作，風格或清新自然，或古奧和雅，但都不乏真情流露。如《竹窗》：

> 夙心賞此君，久別覺眼俗。老僧有清意，數竿植檻曲。
> 客來坐禪床，開軒凝眸綠。疏影挹清風，為余解煩溽。

記敘在山寺臨窗觀竹，所見清風徐來、竹影婆娑的情景，煩溽頓消，心情舒暢。娓娓道來，自然清新，真情流露，不事雕琢。又如《古杉詩並序》：

> 縣東三里許，由鄭家洲渡河而東，有白象山，余家祖塋在焉。歲壬午，家大人復卜葬先大父於祖塋之左。後二十年次辛丑，先大母卒，又祔葬焉。去墳二尺稍偏左，有古杉一株，圍可四尺，高不過丈餘，頂禿無梢杪，枝枒橫披，團團交錯，望之類張蓋，相傳近千年物也。詩以志之。
>
> 南昌古豫章，以樹名郡治。梓生松陽門，榮悴關隆替。南康吾支郡，巘山在其地。上有陳蕃墓，兩杉入雲際。誰其十年樹，喬木匪偶寄。下鍾地之靈，上秉天之氣。象山我家塋，馬鬣封先世。土角流金星，形家茲可志。婆娑一古杉，孤干亭亭植。春夏敷榮華，秋冬彌蒼翠。太傅墳前杉，上下

7　《清詩紀事》（六）康熙朝卷引徐世昌語，第 3485 頁。

論年歲。吁嗟此古木，且似植其類。惟我大父母，矯矯同風味。盤錯系綱常，磨礱成節義。會合待千年，造物有深意。雨露日滋榮，永言受蔭庇。

記敘自家祖墳地有一株千年古杉樹，並由此引發感想。先聯想到南昌古地名豫章係以樹取名，再寫到祖墳的千年古杉，最後生發出「造物有深意」的感慨：古樹猶如祖父母，綱常是樹根，節義是枝幹，二者繫於一身，才能有此恆久的生命力，加之雨露的滋潤，古樹更其茂盛，永遠給後人以蔭庇與護佑。風格古奧淳雅。再如《銅柱》：

麗江炎荒之鎖鑰，南控安南壤相錯。距關一舍分茅嶺，漢家銅柱高岸崿。伏波峻業何崢嶸，英風萬古震寥廓。當日樓船下交趾，疾掃狂童等殘篿。二徵授首傳京師，九真革面復疆索。郡縣其地中土同，螳背安敢復張攫。五季陵遲世多故，部領邪行乃橫作。宋元師征屢無功，包荒無乃太屏弱。蠻夷獷悍本性刁，朝廷駕馭藉方略。將帥豈乏英雄姿，推轂無能專委託。有明英公亦人傑，功與伏波庶相若。中官繼鎮求珠犀，紈綺握兵擁帷幕。遂令封豕肆狂噬，內地旁州恣侵掠。惜哉用武功不究，議祖捐之滿臺閣。爵予世及用羈縻，國威如斯亦稍削。今代聖神御區寓，六合以內並包絡。況乃近地非遼絕，歲修貢職尤謹恪。我來行部視邊徼，義取諸豫嚴關柝。顧瞻前烈跡未湮，來者樹立當奮躍。肯念平生馬少游，畏此毒氣熏蒸瘴鄉惡。

據《大清一統志》載：「（汝來）知太平府，罷龍州土司，定思明土司與安南祿州界，招撫土官岑應宸，擒奸逆莫東旺、羅文罡。」又據《廣西通志》載，甘汝來於雍正二年任太平府知府。銅柱乃銅制的柱子，用以作界樁。可知此詩大概作於此時。詩中對前烈的赫赫功勳大加讚頌，對「蠻夷」的侵掠加以譴責，並表示以前烈為榜樣，奮勇向前，不畏瘴癘之氣，有信心削平叛亂。語言典奧，風格慷慨激昂。又如《雜詩》二首：

　　偶寓西山側，日夕看不足。遙愛峰巒秀，清揚好眉目。白雲出其巔，玉泉流其麓。花木發清香，鳥鳴無斷續。我生蒙塵垢，勞形日碌碌。欲往恣游眺，冠蓋苦結束。念我蓽門友，晶瑩雙璞玉。不貴安得賤，不榮安得辱。逝將黃鵠舉，滅跡棲岩曲。幽人有同心，相期在空谷。

　　青蠅何營營，呼群污我衣。我衣新且潔，蠢爾無是非。驅之薨薨起，穴隙更乘機。慼慼靡所避，終日掩荊扉。嘆息爾微物，終安所憑依。西風動地來，秋霜下嚴威。看爾翩翩者，能再幾時飛。

前一首詩表達了對忙碌的官場生活的厭倦、對自然的熱愛以及對山居生活的嚮往之情。體物細膩，敘議結合，情志高潔，風格靜淳雅潔。後一首詩則以比興手法對「何營營」「污我衣」的「青蠅」作了有力的控訴與斥責，並預言當秋風吹起、秋霜降臨之時，「青蠅」們就再也不能這麼猖狂了。青蠅不知何所指，大概是以污穢之物指代污穢之人吧。雖用了比興手法，但仍然掩不

住批判的鋒芒，可謂金剛怒目，與前詩大異其趣。其他記事之作如：

農人先苦旱，甘澍偶隨車。麥秀雲千頃，桃花水一渠。其耕方澤澤，我黍定與與。豈復煩雞卜，年應大有書。（《連日出郊勸農》）

玉屏千仞削，絕頂鎮氤氳。捧日蟠丹穴，參天冪白雲。龍興能作雨，豹隱亦多文。此意同誰會，長歌對夕曛。（《過白雲洞》）

廣明謬判六書文，南北縱橫逞寇氛。黃谷已經褫獸魄，朱邪旋復睹鴉軍。尚從草澤飛磷火，時向城陰結陣雲。故壘前車千古鑑，潢池赤子敢紛紜。（《過黃巢故城》）

重封石窖倚丹梯，荼毒生靈說偽齊。騰上未聞蹲白虎，剜中誰見滿朱提。藏舟大壑需人負，覆鹿層蕉待客齎。安得五丁揮巨斧，盡傾山腹賑群黎。（《銀窖山》）

或勸農事，或紀游，雖屬敘事之作，但都以議論為主，風格古雅奧博，不乏真性情流露。

二、萬承蒼

萬承蒼（1682-1746），字宇光，號孺廬，南昌人。明代理學家萬廷言五世孫。康熙五十二年（1713）進士，改翰林院庶吉士。散館，授編修。康熙六十年，以主試李紱為流言中傷而罷官。後雍正帝察知其冤枉，復其原職。歷充福建鄉試副考官，升

至侍講學士。與李紱友善，官京師時，同居一處，以後不曾藉李紱以求進。日偕全祖望等相聚講學，間或考據史事，分韻賦詩，麥飯蔥湯，互為賓主，居詞館三十年，制誥多出其手。歸家後，杜門勵學以終。生平事蹟見全祖望《鮚埼亭集》卷十八《翰林院學士南昌萬公墓碑銘》和《清史列傳》卷七十一《文苑傳》二等。

所著有《萬學集》《易傳論》《孺廬集》，現存《孺廬全集》十六卷，清道光三年（1823）臨川李秉綬刻本。與古代大多數文人士大夫一樣，萬承蒼也有關注民生冷暖、悲天憫人的情懷。如《擬剝啄行》：

剝剝啄啄，有客停車。童子驚告，我迎而趨。長揖就坐，問無恙乎？自我不見，日月其徂。客漫應我，足降及除。極挽其衣，謂客徐徐。僕有所懷，願得少攄。時方溽暑，天地為爐。黃埃翳空，君馬何驅？公卿貴人，夏屋渠渠。冰簟石床，夢寐華胥。君往而謁，門者趑趄。亦有豪客，群聚上都。無事日長，博弈呼盧。君往而入，悄焉向隅。幽幽陋室，簾影蕭疏。又無他賓，沓至交呼。曷不少留，待日既晡。言有尊酒，與君歡娛。近述鄒魯，遠談唐虞。醉即倚幾，而歌嗚嗚。昔與君好，朱顏玉膚。年不我稽，素髮盈顱。今者不樂，逝者其逾。何為棲棲，困於道途。客噸蹙語，子寧知余。鳥則有林，魚則有蒲。弗止弗依，心靡寧居。孰能與子，偕集於枯。去去勿顧，輪音窅如。呼童掩關，仰天長吁。起視吾盎，余三日儲。風清月明，聊讀我

書。

以擬古樂府的形式寫民瘼之情，體現了詩人的人文關懷。此前，類似詩歌有韓愈的《剝啄行》和歐陽修的《擬剝啄行送趙少師》，前者是韓愈由陽山令被召還時所作，面對毀謗之語，欲閉門謝客以堙其源，遠讒避謗；後者則是歐陽修歸老故鄉時所作，欣然喜客之至，與韓氏閉門拒客之辭截然不同。從詩歌源流及題名看，後者顯然是擬作。此詩也是對韓詩的擬作，無論四言詩的句式，還是語言風格，都有近似處。只不過，題材內容上與韓詩不同，韓詩寫為避讒謗而閉門謝客，是從自身的利益考慮，而此詩則是寫對來客衣食無依的同情與惻隱之心，關注的是普通民眾的利益，其悲天憫人的情懷更勝一籌，故更深刻動人。此類詩還有《一日復一日》：

> 一日復一日，一歲復一歲。朝饔而夕飧，開眼閱斯世。食之飽嘻嘻，食不飽怡怡。壽命長短不可知，讀書樂道無廢時。一日復一日，一年復一年。開眼閱斯世，朝饔而夕飧。食不飽吾悲，食飽吾猶思。壽命長短不可知，憫人疾苦無已時。

前半表現詩人安貧樂道、以讀書為樂的精神，後半表現作者「憫人疾苦無已時」的情懷。語言平易通俗，情感自然流露。此外，萬承蒼詩歌多紀游寫景之作，描摹景物細緻，情感真摯。如《九江道上黃菊盛開經數百里不絕傳是東籬遺種》（《清詩紀事》

一作《賦九江菊》）：

　　江州古時路，黃花翳連岡。舉世無人識，飄零隨曉霜。
陶公感蕭晨，採之助飛觴。遂令千載後，華屋延秋光。亭亭
金石姿，不隨世炎涼。清泉濯宿根，空山抱孤芳。一承君子
顧，紉結古錦囊。豈惟制頹齡，令德滋日章。所以浮湘者，
亦欲餐其英。柴桑今為墟，此意誰與明。

　　寫詩人途徑九江見到相傳是陶淵明所種菊花盛開數百里的奇
景，睹物思人，發思古之幽情，表達了對陶淵明的嘆賞與仰慕之
情。由物及人，再由人及己，結構章法井然有序。此類題材還有
不少，如：

　　西山勢北走，長河極截斷。猙獰萬獅虎，屏息如讓畔。
中流一葦杭，俯見沙礫粲。垂楊蔭魚磯，人家在西岸。炊煙
四面起，偃蹇坐虛館。溪澄刮青銅，壞辟鋪繡案。放神向寥
廓，流目入澶漫。高天鴻雁沒，遠浦牛羊散。遙睇紫霄峰，
峨峨插星漢。匡君棲隱處，白雲為之冠。意與洪崖子，靈境
各據半。中剩寬閒地，世人得耕灌。欣賞未云足，登車日將
晏。首涂困犖确，及此方泮奐。明晨陟峻阪，心知有奇觀。
轉恐我僕痡，臨歧忽成嘆。（《建昌山下渡》）
　　廬山信奇絕，我來及初冬。群陰一以揪，了了辨諸峰。
旭日射岩谷，光彩相沓重。西峰松上翠，潑向東峰松。欹石
盤鸛鶴，枯藤偃蛇龍。中有太古人，出沒無定蹤。行行度幽

潤，忽聞煙際鐘。誰從宗竺游，吾方愧塵容。（《初入廬山》）

昔夢蓬萊拾瑤草，五城樓閣春光好。海風倒吹肌骨寒，思鄉欲向廬山老。廬山木落猿鶴哀，清磬一聲煙霧開。白蓮池上遠公宅，舊所閱歷今重來。虎溪獨坐頻搔首，欲覓柴桑人飲酒。門前五柳復誰栽，嶺上孤松知已朽。我家章門水繞庭，浮鷗浴鷺盈前汀。長將江水照顏色，遙對廬山萬仞青。

誰見濂溪窗下草，姚江門戶初年好。曾持使節過東林，壁上題詩風格老。昔人遺跡後人哀，見說西江幕府開。狡兔入羅三窟盡，真龍浮艦六軍來。再出蒼梧誅亂首，戎服談經人載酒。平生事業總浮雲，惟有文章傳不朽。徐孺祠西舊講庭，寒煙漠漠余鷗汀。豫章壇坫亦衰謝，隔水招提柏樹青。（《游東林寺獲睹王文成公題壁之作敬次原韻二首》其序曰：公舊題粉壁上，書法極道。近年，德化張令始鉤摹上石，別以木龕貯手跡其中，東林故物，惟此可寶耳）

以上紀游之作，多描摹山水景致，筆觸細膩，但境界較大，氣勢不凡。句式或五言，或七言，語言或古奧，或流麗，不拘一格。此外，其詩還有羈旅抒懷之作，如《宿建昌驛南鋪》：

斜日猶懸喚渡亭，征車暫憩使君廳。湖邊載酒尋明月，石上題詩憶落星。欲問樟公非舊質，可憐炭婦變真形。人間合覓周居士，去傍雲岩采茯苓（樟公炭婦皆建昌舊事，周續之故居與雲山相近）。

　　此詩為詩人途徑建昌暫憩驛館時所作。首聯交代夜宿的緣由。頷聯寫明月之夜泛舟明月湖上，落星之時題詩落星石上的情景，一水一山，穿插寫來，頗有章法；「明月」與「落星」的雙重縮合，自然天成。頸聯用典，樟公即壽樟，據《明一統志》：「壽樟，在建昌縣治南，宋黃庭堅記（項安世作《壽樟亭記》）：初，邑人李左司公懋仕於朝，高宗嘗問『樟公安否』，奏以『枝葉婆娑，四時常青』。」[8]炭婦，道教傳說以炭幻化試人道心的美婦。《明一統志》載：「炭婦鎮，在建昌縣南一十里。晉許旌陽於此化炭為婦，散群弟子以驗其心。明日視之，皆濕其衣，不染者僅十人。」[9]此聯用二典，意在表明世易時移，「樟公非舊質」，「炭婦變真形」，物是人非，道心不純。尾聯則以周續之（晉朝「潯陽三隱」之一）自勉，表達了嚮往隱逸的情懷。其五律如《曉入直廬即目》，則是辦公之時即景之作：

　　　　候曉入承明，風傳漏刻清。九衢分曙色，萬戶動秋聲。
　　微雨不沾地，亂雲猶出城。常時車馬道，未有一塵生。

　　直廬，值宿之廬，舊時侍臣值宿之處。此詩寫詩人早晨入直時即目所見。首聯交代時間和地點，兼以點題；頷聯呼應首聯，

8　文淵閣《四庫全書》史部，地理類，總志之屬。《明一統志》，卷五十二。

9　文淵閣《四庫全書》史部，地理類，總志之屬。《明一統志》，卷五十二。

點明曙色與秋聲，「九衢」寫道路縱橫，「萬戶」寫都城之大、人口之眾，境界闊大；頸聯述都城之內微雨未沾濕地面，而烏雲卻迅疾湧出都城，風雲變幻之快，描摹細膩生動；尾聯則寫平時車馬往來而塵土飛揚的道路，此時卻一塵不染，彷彿被大雨沖洗過一般。全篇寫景，而情寓其中。寫景細緻，境界闊遠，對仗工整，語言清新自然，毫無雕琢之痕。

三、李紱

李紱（1673-1750），字巨來，號穆堂，臨川縣人。自幼聰穎，有神童之稱。康熙四十七年（1708 年）以五經鄉試第一，康熙四十八年進士，授翰林院編修。雍正二年（1724）巡撫廣西，不久成為直隸總督。為官正直，體恤百姓。雍正四年，劾河南總督田文鏡橫行鄉里，田文鏡反告李紱結黨營私。雍正五年以營私議罪二十一條，身繫獄中，整日讀書，縛至刑場，面無懼色，以家世清白為朝廷所赦。出獄後奉敕主修《八旗通志》《廣西通志》《畿輔通志》等。乾隆元年起詹事府詹事，終內閣學士。生平事蹟見《清史列傳》卷十五、《江西通志》等。

李紱在文學、理學上均有成就。文學著作有《穆堂類稿》《續稿》《別稿》。現存《穆堂初稿》五十卷及《別稿》五十卷，《續修四庫全書》集部第一四二一冊第二十二頁影印上圖藏清道光十一年奉國堂刻本。理學宗陸象山，著《陸子學譜》《朱子晚年全論》《陽明學錄》諸書，力圖調和朱陸「尊德性」與「道問學」之說。李紱一生勤於治學，尤通史學，對王安石變法有所辨正，蔡上翔寫《王荊公年譜考略》一文多引其說。另著有《春秋一

是》等。

其敘事詩，有為忠臣烈女頌讚或辯誣之作，義正詞嚴，滿腔正氣，頗有氣勢。如《峽江烈孝詩》：

> 峽江古金川，練公最奇崛。遺風里閭盛，士女識忠節。有明國運終，流寇作妖孽。獻賊尤凶殘，原野靡膏血。其徒張其在，虐焰燎袁吉。蔓延至硯溪，胡氏衣冠列。於赫楊太君，罵賊氣不屈。穿齗碎張齒，噴血斷顏舌。二子故文弱，孝義激倉猝。裂眥起徒搏，白刃怒可奪。若坦從母亡，若均力已竭。僕地就駢誅，有婦志尤烈。涕泣護夫體，玉碎蘭芽折。願從我姑死，庶幾我夫活。吾聞曾文忠（櫻），大節高門閥。故應群從間，教成到閨閫（若均婦為文忠從子）。世衰正氣微，忠孝不可詰。死生亦大矣，轉念足已失。偉哉胡氏門，卓犖萃三傑。諸孫我同譜，舊事語酸咽。使舟行皇皇，無由拜碑碣。短章志感喟，頑懦藉奮發。風濤怒擊撞，魂夢夜超越。

寫明末峽江胡氏一家面對亂賊的暴行所表現出來的浩然正氣與忠烈義舉，令人激憤。開篇先交代峽江從明初練子寧以來就有忠節的傳統，接著敘寫亂賊對峽江的燒殺擄掠。然後，濃彩重墨地敘述胡氏一家反抗流寇的行為：楊太君罵賊而被碎齒斷舌，兩子若坦若均與亂賊誓死搏鬥而被殺，兒媳曾氏（忠烈之士曾櫻的姪女）也因護衛若均而死。滿門忠烈，氣薄雲霄。最後，交代寫作的緣由及意義，並表達了舟行不能拜祭胡氏一家碑碣的遺憾。

全詩慷慨淋漓，感情充沛，氣勢盛大，詩人的桑梓情懷也流露其間。又如《讀危太僕雲林集》：

> 唐宋為古文，大家才七人。南渡遂萎苶，得貌遺厥神。有元運隆盛，大文興崇仁。吳虞啟先鞭，斯文絕復新。後勁得雲林，如《國風》有《豳》。宋王拜下風，國史功不湮。偶然履橐橐，上嫌稱老臣。御史乃希旨，元故臣宜擯。和州看余廟，於事猶輕塵。論者不復察，集矢何斷斷。豈知公出處，大節光霄旻。言事既激烈，邪閉善則陳。倉卒起田間，辭祿已五春。投井義不屈，存史情亦真。興朝訪故老，四國響然臻。聊因國史出，夙志將一伸。區區圭組榮，浮雲謝天民。青田亦仕元，佐命持衡鈞。松雪亦承旨，實宋天潢親。不知持論者，比此何等倫。掩卷三嘆息，流俗多頑嚚。

此詩為曾經仕元的臨川金溪人危素辯誣，對流俗言論加以駁斥，對危素的文學與史學貢獻加以肯定與褒揚，持論有據，擲地有聲。其中也不乏詩人的桑梓之情。

其和韻、次韻之作，如《新城邸舍和壁間感柳韻》：

> 十年依約玉堂春，宮柳和煙不惹塵。今日飄零向歧路，靈和殿裡更何人。

此為新城縣旅館牆壁上《感柳》詩的和韻之作，把飄零之感打並入離情。據《至大金陵新志》載：「齊靈和殿，在台城內。

考證：齊武帝時，益州刺史劉俊獻蜀柳，帝命植於靈和殿下。三年柳成，枝條柔弱，狀如絲縷。」詩以柳為媒介，今昔對比，透過離情寫盡飄零之感，真摯動人，風格含蓄蘊藉，耐人尋味。又如《北蘭寺和巡撫宋公韻六首》：

> 高高下下勢相仍，貪看池亭次第增。游客不聞車馬至，豈能容易見山僧。
>
> 北蘭秋草露華滋，荷蓋空餘葉滿池。卻愛西山萬紅樹，朝陽看到夕陽時。
>
> 棟花坪上更攀躋，塵額何人拂舊題。惟有征帆吹不盡，長風日日大江西。
>
> 畫眉喞唶閉筠籠，鶗鴃先鳴候不同。莫怪禪庭芳草盡，樹頭還有白頭公。
>
> 參寥舊日泉同酌，慧遠當年酒可賒。敢效江南韓相國，衲衣歌院接紅牙。
>
> 惆悵山川萬古心，閒情一往向禪林。子衿使節難同調，愁苦歡愉各自吟。

此為巡撫宋犖《西陂類稿》所載《秋日重過北蘭寺六首》[10]

10　宋犖《西陂類稿》卷十第十二頁《秋日重過北蘭寺六首》原詩：薄書煙海坐相仍，秋日羈愁一倍增；何處空林堪脫帽，只應還訪北蘭僧。竹徑茅堂蘚色滋，芭蕉葉大蔭方池；到來空綠生衣袂，恰好詩翁著句時。荒阜孤亭緩步躋，棟花坪好故人題；香篝茗碗才料〔平

的和韻之作，據《江西通志》卷四十八、卷五十八，宋犖任江西巡撫五年（康熙二十七年至三十一年，即 1688-1692 年）。又據宋犖《漫堂年譜》記載：「（康熙）三十年辛未，餘年五十八歲。五月於北郭北蘭寺修復列岫亭、秋屏閣，建煙江疊嶂堂。余放衙後常偕名流如邵子湘長衡、朱悔人、載震及兒侄輩，訪老僧澹雪，茶話清吟或至竟日，其地遂為豫章名勝。」[11]此次唱和當在康熙三十年（1691）。與宋犖原唱相較，李紱和作毫無遜色之處，只是宋作情韻稍勝，李作更顯才情並茂，難怪楊希閔《鄉詩摭譚》卷十中稱其「詩有才氣，凌厲無前，尤工次韻，揮斥如意」。

其寫景詩也頗顯才情，如《大庾嶺》：

岷山之陽至衡山，蜿蜒磅礴郴永間。五嶺連綿一千里，大庾矗立尤巑屼。峰巒東走絡吳越，坡陁南下開甌蠻。名山際海萬無算，粲若星宿來回環。孫曾滋大祖當念，柯條雖繁根不刊。我來孟夏日已暑，半空倏歘風雨寒。初緣仄徑入煙靄，直盤層岫窮雲端。怪石對列虎蹲怒，長松百丈龍拏攣。雲封佛寺漫荒忽，曲江像設猶嚴尊。振衣俯瞰浩莽渺，山川

聲〕理，苦被蟬聲趲日西〔楝花坪為邵子湘題〕。煙江疊嶂曾看畫，列岫亭邊畫意賒；奇絕廬山飛鳥外，一痕晴碧落簷牙〔宋王晉卿有煙江疊嶂堂圖〕。澹雪泉開碧筱籠，酌來真與錫山同；太平寺裡誇牛乳，儈父應知是杜公〔泉舊名俗甚，亦子湘放參寥泉例以澹雪名之〕。偃仰禪關愜素心，黃昏待月向風林；騧人莫漫催歸騎，且聽莎雞自在吟。

11　宋犖：《西陂類稿》卷四十七《漫堂年譜二》，第 4 頁。

漠漠無涯垠。嬴劉世遠不可考，鉤梯開鑿誠茫然。強為山靈立名字，因緣庾勝連梅銷。時清四海等同室，棄捐險阻開重關。安事陸賈騁詞說，豈煩楊僕橫戈鋌。乃知威德自廣大，皇華萬里通轄軒。登車卻循曲磴下，劃然一笑天海寬。

以七言古詩形式吟詠大庾嶺，在同題之作中頗顯個性。寫景闊大，氣勢磅礴，有太白遺風，頗顯才情，但語言自然天成卻遠不及李白。其題畫詩《題方伯彭樂君春雨勸農圖》二首，可見其重農愛民情懷：

當年位置南宮榜，杜牧文章第五人。今日披圖見風度，勸春耕自勝傷春。

周家稽事開王業，食固民天不可輕。他日調羹親鼎鼐，應知粒食最關情。

第三節 ▶ 熊文舉、劉命清、周卜年

一、熊文舉

熊文舉（？-1669）（按：《江西歷代文學藝術家大全》第一二四八頁，卒年作一六四四，誤。《江西文明網·人傑·歷史名人》，其卒年作一六六八，亦誤。考《清史列傳》卷七十九《貳臣傳乙》：「康熙元年，起為兵部左侍郎……八年，死。」知其卒年為康熙八年，即一六六九年。其生年或作一五九五年，或作

一六〇〇年，不知何據），字公遠，新建人。崇禎四年進士，授合肥令，遷官吏部郎中。明亡後，投靠李自成。明福王時，定入從賊案。順治元年，投奔清朝，仍任舊職。二年，授右通政，遷吏部右侍郎。八年，吏部舉薦，詔起用，旋補吏部左侍郎。康熙元年，起為兵部左侍郎。二年，以病乞假，歸。八年，死，賜祭葬。生平事蹟見《清史列傳》卷七十九《貳臣傳乙》、（同治）《新建縣志》等。

文舉勤於著述，工詩、詞、文，有《雪堂集》《恥廬集》《江雁草》等，有《雪堂先生文集》二十八卷行世，《四庫禁毀書叢刊》集部第三十三冊錄其《雪堂先生集選》十一卷（錢謙益輯選，天津圖書館藏清順治十二年刻本影印），同書集部第一二〇冊錄其《侶鷗閣近集》二卷（影印首都圖書館藏清康熙刻本）以傳。

其詩多紀游之作，或覽勝，或酬贈，或抒懷，不乏佳作。如《白帝城》：「白帝城猶峙，永安定可尋。英雄情掩抑，今古事浮沉。落日玄猿絕，孤筇芳草深。無由弔詩史，寂寞少陵心。」想見少陵登臨懷抱，世事浮沉，人生寂寞，雖遠隔古今，無由憑弔，但際遇差可相近，人同此心，相惜共鳴之情見於言外。又如：

　　　　至此上無天，孤高佛更尊。閒忙諸長老，興廢舊山門。雲白歸何處，燈青夢不昏。何能生羽翮，一笑狎乾坤。（《仰天坪》）

　　　　橫堆怪石接天齊，覓徑扶筇措步迷。乍怖九關嚴虎豹，亦如三峽少猿啼。披襟側目煙霞亂，亙古窮荒草樹萋。獨上訪仙亭縹緲，西風丹葉另成蹊。（《水口》）

　　扶筇經過老僧龕，佛手岩前勸結庵。三峽泉音如鼓瑟，五峰雲髻不勝簪。疏鐘密約歸霞嶼，遠夢憑虛隔雨嵐。一自虎溪三笑杳，何入沽酒續清談。（《廬山游雜詩之一》）

　　東風吹雨濕漁罾，除卻閒眠百未能。好在綠蘿青峰裡，孤雲相伴有高僧。（《東古寺》）

　　黃岩岩下弄清暉，古寺寒潭石徑微。寶墨池台留佛偈，爐峰煙霧上僧衣。峽開青玉奔雷急，岩暗蒼龍帶雨歸。誰拾枯松煮瀑布，朝朝目送白雲飛。（《施閏章、薛伯祥招游開先寺》）

　　絳灌粗疏霸業成，懷湘賦鵩太傷情。每思夜半虛前席，文帝猶知用賈生。（《過長沙口號》）

　　六首詩都是紀游之作。前五首都是寫廬山的名勝仰天坪、水口（在今大林寺西，非井岡山水口瀑布）、五老峰、開先寺（在星子縣西八點六公里處的廬山南麓）等，覽勝、酬贈、抒懷兼而有之，筆觸細緻，狀物生動，嚮往隱逸的情懷隱然其間。最後一首是長沙紀行之作，即興口占而成。大意說：絳侯周勃和灌嬰二位武將輔佐高祖劉邦成就霸業，賈誼謫長沙所作的《鵩鳥賦》太過傷感。每當想起漢文帝深夜召見賈誼，虛席以待，文帝還是知人善任的。此詩借紀行以懷古，化用李商隱詩句，但反其意而用之，新警非凡，對賈誼之才存疑，文武對比之下，書生無用之感不言而喻，含蓄蘊藉。

　　其詞有《雪堂詞》，多清綺婉曲之作，風格近於北宋「二晏」。他的詞多憶舊懷人之作，如《南鄉子·憶舊》（見《全清

詞鈔》）一詞，流傳較為廣泛，詞云：

　　秋色集帆檣。一帶傷心路渺茫。記得郵亭曾繫馬，斜陽。人在紅樓倦晚妝。往事隔星霜。門巷悄悄砌草荒。崔護重來應不改，淒涼。燕子呢喃話短長。

　　詞牌一作《木蘭花令》（見《全清詞·順康卷》）。上片開頭兩句點明季節及眼前之景和羈旅行役之情，秋色無邊，孤帆行進，前路渺茫，兩岸秋山，滿含傷心之意，為全詞營造出悲涼的氛圍。「記得」二字引出對往昔的追憶，夕陽西下，繫馬郵亭，與情人相聚紅樓，至晚而倦梳妝。其纏綿悱惻和難分難捨之狀盡在不言中。下片回到現實，寫故地重來，門巷幽深寂寥，台階已長滿了荒草，即便是唐代崔護重來，恐怕也難以改變淒涼的感覺，只有燕子還在說著綿綿的情話。物是人非，人去樓空，空梁燕語，格外淒涼。上片「一帶傷心」一語化用李白《菩薩蠻》中「寒山一帶傷心碧」之意，熊文舉的《好事近·春歸》和《菩薩蠻·春晚》也分別用了「一帶傷心碧」和「傷心一帶清波溢」之語，可見並非偶然，顯係用典；下片用崔護《題都城南莊》的典故，以衰敗之景寫悲涼之情，與崔護以樂景寫悲情略有不同。用典貼切自然，而風格清綺婉曲，頗似「二晏」。故詞評家曰：「《倚聲集》曰：新建詞，不矜奇鬥麗，猶有晏氏父子之風。」（清沈雄《古今詞話·詞評》下卷「熊文舉雪棠集」條）類似題材和風格的作品還有不少，如：《臨江仙·和晁無咎韻》：「卻憶章門三月暮，湘簾宿雨初收。落霞低處棹歸舟……往事不堪頻矯

首，畫眉斜月微鉤。可能閒上小紅樓。」《臨江仙·和賀方回韻》：「憶得當初行樂地，玉樓人貌翩翩。」《臨江仙·憶》：「不見芳姿知幾日……畫樓人倦眺，銀燭已燒紅。」《蝶戀花·和蕭竹屋》：「記得當時，絮語朱欄畔。燕子未歸空目斷……明月當頭，那解傷心怨。已是風鬖雲鬢亂。」《祝英台近·歸思》：「暗想當年，門掩梨花雨。」《撲蝴蝶·和宋人韻》：「想見章門，嫩柳明江岸。尋芳何處，畫槳歸來晚……玉人獨自惆悵，憑欄傷春懶……詩題蜀錦難封，淚滴湘波共遠。誰與商量冷暖。」《滿江紅·偶作》：「十載佳期，三年幽恨，渺渺江湖闊……昨宵夢到鄉關，猛被驚回，喔喔雞聲惡。」《石州慢·用高季迪韻》：「飛絮游絲，當年盡付東風，夢回香閣猶沾惹。何處覓雪箋，把傷心暗寫……憶昔分攜，畫舸難遷，夕陽西下。」《大酺·懷古和曹秋岳》：「一片淮清波底月，迢遞鍾山何處。飛煙迷燕幕……飄零如逆旅。看魂牽、千里隨煙渡。」等等，把羈旅之愁與鄉關之思打並入豔情，纏綿柔婉，風格頗似小晏、柳永。所不同的是，熊文舉作為易代之際的詞人，詞中更暗寓了一些興亡之感和故國之思。

熊文舉先附李自成，後降清，在當時被士人視為晚節不保之人，甚至在正史中被列為貳臣，為人所不齒。既是時勢使然，也在情理之中，但不能因人而廢文。

二、劉命清

劉命清（1610-1682），字穆叔，號但月仙，又號虎溪漁叟，臨川人。明諸生。積學能文，名於邑，與傅占衡（字平叔）並稱

為「臨川二叔」[12]。明末，捍御土寇有方略。福王時，揭重熙薦充館職，辭不就。入清，以布衣終。生平事蹟見（同治）《臨川縣志》《全清詞‧順康卷》等。

命清為人倜儻自豪，負氣縱橫，詩文一如其為人。有《虎溪漁叟集》十卷，是集凡經論二卷，史論二卷，文二卷，詩三卷，詞一卷。《四庫全書存目叢書》集部第二〇九冊影印浙江圖書館藏清康熙三十八年刻本《虎溪漁叟集》十八卷。《四庫總目提要》稱其「史論頗多臆斷……詩文亦皆不入格，蓋倜儻自豪之士，負氣縱橫，而學問則未能深造也」。清鄭昱序其集曰：「其為詩文，旨幽深而意曠遠，詞博贍而氣淳龐，別具機杼，成一家言。」[13]

其詩，數量不少，內容多易代之際的感傷，題材以詠史、懷古、詠物為主，常以比興手法寄託家國淪落與故交零落的感慨，如《詠史》《詠鏡》《讀騷》《惜鶚》等。另外，其詩還有學習民歌，具有民歌風味的篇章，如《歡儂歌》五首、《踏地喚天歌》十首、《引商曲》六首等。其詞，《全清詞‧順康卷》錄七十五首，作品數量在順康朝江西詞人中很突出。其詞與詩一樣，借詠史、詠物寄寓亡國之痛。詠史懷古詞如《八聲甘州‧文文山正氣歌》：

12 南京大學中文系全清詞編輯研究室編：《全清詞‧順康卷》第五五二頁，中華書局，2002 年版。

13 鄭昱：《〈虎溪漁叟集〉序》，《四庫全書存目叢書》集部第 209 冊，第 367 頁，齊魯書社，1997 年版。

　　天地間、正氣九流行，千丈映星光。漫椎操博浪，節零雪窖，血染睢陽。凜烈三綱繫命，任車送窮荒。鬼火燃春院，靡鳳叱凰。苦犯一朝霧露，信寒暑辟易，百沴潛傷。也自然安樂，偏耿耿懷芳。幾能勾、夢回故國，浮雲散白，寫盡憂腸。且從此、風簷展讀，顏色淒涼。

　　借《正氣歌》憑弔文天祥，頌讚了浩然正氣，同時也表達了故國之思。上片吟詠《正氣歌》中提及的正氣楷模，下片頌讚文天祥的正氣凜然，並表達了亡國的哀思，「寫盡憂腸」「顏色淒涼」，其情狀躍然紙上。同一詞牌還有三首詞，分別是詠嘆謝疊山（謝枋得）的《辭聘書》（即《卻聘書》）、謝皋羽（謝翱）的《西台記》（即《登西台慟哭記》）、鄭所南（鄭思肖）的《久久書》，皆同一意緒，且情辭淒婉。詠物詞如：

　　春駐華堂。看花濃柳暗，影弄韶芳。畫閒簾幕靜，風暖燕穿忙。紅雨細，濕泥香。棲夢穩雙雙。去還來，頻年舊屋，好意難忘。時移痛惜流光。怕從前金捋，渾似尋常。無緣依舊悅，有恨憶雕梁。憑縷訴，與誰行。說不盡興亡。盼歸期，雲途尚杳，海角蒼茫。（《意難忘·詠燕》）

　　野樹曉淒迷，山霧宵團結。一片歸飛刷羽遲，點破遙天雪。不勝夜巢寒，叫破丁香舍。暮館挑燈一個人，聽徹情淒切。（《卜算子·歸鴉》）

　　映水繁花舒錦片。色綴枯條變。玉笛數聲殘，吹落寒林，喚醒微醺面。壽陽點絢含章殿。香夢頻回顧。最早發孤

芳，濃豔朱顏，飾與韶華見。（《醉花陰・紅梅》）

　　青幾枝，綠幾枝。枝上流鶯徹夜啼。船到斷岸時。上漁磯，下漁磯。上下漁磯無盡時。柳色正依依。（《長相思・新柳》）

　　無論詠燕、歸鴉，還是詠紅梅、新柳，都寄托了詞人的家國之悲。無論季節是春還是秋，也無論是植物還是動物，都是詞人寄托懷抱的媒介與載體。這類詞與南宋末張炎等人詞中的意緒以及寄托的手法都相近似。類似詞篇還有《念奴嬌・詠霜》《黃鶯兒・敗柳》《漁家傲・詠蓮》《卜算子・候雁》等。

三、周卜年

　　周卜年（生卒年不詳），字安期，吉州（今吉安）人。生平事蹟見《全清詞・順康卷》等。現存《喬雲詞》一卷，《名家詞鈔・六十種》六十卷本（清孔傳鐸編，清抄本，國家圖書館藏）。《全清詞・順康卷》錄其詞六十四首，數量位居同時期江西詞人的前列。其弔古懷古之作，沉著痛快，有慷慨沉雄之氣。如：

　　山勢參天，江聲抱，那漫誇西北神州。盡偏安宮闕，鳳館龍樓。前事不堪回首，南遷後、有幾韓劉。平生恨，半閒堂內，斷送清秋。休休。趙家陵墓，餘幾樹冬青，空鎖寒流。更玉津秋雨，德壽春游。空嘆美人黃土，滄波映、幾點沙鷗。披裘叟，行吟澤畔，不認閒愁。（《鳳凰台上憶吹簫・

鳳皇山弔古》）

　　四海南奔，誰信有、風雲叱吒。空見說、朱仙鎮上，黃龍城下。文武才從秋草盡，英雄淚逐寒濤瀉。但原頭、蕭見向南枝，孤墳檟。蕭鼓賽，看存社。鞞鐸響，驚簷馬。計燕雲唾手，真將軍也。意氣空留戈劍血，功名休覓麒麟畫。寫長歌、一曲弔平生，應如話。（《滿江紅·岳墳》）

　　水繞桐君，荒磯在、滿江煙月。笑征帆千點，暮吳朝越。一帶菰蒲迷斷雁，幾行桑柘啼殘鴂。看山圍、城郭尚依然，滄江側。官似虎，天無日。獄吏貴，青衫濕。嘆瘡痍未起，僅存皮骨。可惜當時賢守令，空餘芳草埋遺碣。待天吳、挽水洗煩冤，黃河竭。（《滿江紅·桐江婦》）

　　憑弔古人古跡，藉古喻今，慨嘆明朝淪亡與末世的黑暗以及百姓遭受的煩冤，關注國家命運及民生疾苦，風格沉鬱悲壯，多使事用典，詞風近似辛棄疾。同時，他還有不少婉約詞，大多寫離別相思，兒女情長。如：

　　春意如何，曉窗一夜花爭折。簷玲瑟。粉褪梅腮濕。野渡漫漫，小艇沿溪疾。煙雲澀。韶光不到，寂寞荒山側。（《點絳唇》）

　　一江春水漲魚天。春光似去年。看花何處最淒然。枝頭聞杜鵑。扶繡幄，繞屏山。驚魂怯曉簾。夜來夢到海雲邊。柔情宜畫眠。（《碧桃春·春起》）

　　簷雨暗房櫳。月影朦朧。私心強半已成空。又被游絲勾

引去，宛轉情濃。小院落花風。人在牆東。音塵不隔信難通。早趁橫塘雷未過，寄語芙蓉。（《浪淘沙·簾雨》）

遙天玉砌。蘋末西風起。露滴金莖寒似水。一抹涼雲如綺。小池碧藕香殘。秋梧飛過闌干。詩句莫題紅葉，枉教流恨人間。（《清平樂·宮中四時》其三）

碧窗寒意淺。霜雁啼深怨。月度回廊風捲幔。有人吹玉管。有人吹玉管。落梅韻遠，朱唇輕按。好夢驚回一半。殘香已炧燈餘焰。離愁拋不斷。離愁拋不斷。（《東坡引·聞笛》）

東望望春春幾許。鳥弄歌聲，偷向東風度。豔雪吹梅花欲語。鏤金作勝參差數。記得雕櫳前夜雨。為盼春來，鏡檻鸞羞舞。小語風前頻囑付。春來先上相思樹。（《鳳棲梧·立春前一日》）

春花秋月，鶯鶯燕燕，離別相思，大抵不脫前人詞的題材範圍，但語言清新流麗，情韻婉轉，風格近似北宋詞。其他題材如詠物、寫景抒懷等，也常見於其詞中。

參考文獻

1. 錢仲聯：《清詩紀事》，江蘇古籍出版社，1987 版。

2. 南京大學中文系本書編纂研究室：《全清詞·順康卷》（十九冊），中華書局，2002 年版。

3. 趙爾巽等：《清史稿》，中華書局，1976-1977 年版。

4.（雍正）《江西通志》，影印文淵閣《四庫全書》本，台灣商務印書館，1986 年版。

5. 張燕瑾、呂薇芬：《清代文學研究》，北京出版社，2003 年版。

6. 江西省文學藝術研究所：《江西歷代文學藝術家大全》，江西人民出版社，1989 年版。

清中期江西詩詞

　　清中期是指乾隆、嘉慶時期，共八十五年。這是清代詩詞等多元發展的時期，已微露衰勢，卻是江西詩詞繁榮興盛的時期。就全國而言，儘管詩壇人才輩出，有主格調的沈德潛、主肌理的翁方綱、擴大浙派門戶的厲鶚，還有標榜性靈的袁枚、趙翼、鄭燮以及唱出盛世哀音的黃景仁[1]，但畢竟是興盛之後的餘勢。無論詩詞作家的數量，還是詩詞的成就，似乎都不如前期（小說、戲曲也是如此，《聊齋志異》《儒林外史》《紅樓夢》和《長生殿》《桃花扇》等名著、巨著都出現在清前期）。就江西而言，詩詞的發展卻與全國並非同步，反而呈現繁榮的局面。無論詩詞作家的數量，還是詩詞創作的成就，都完全超越了前期。

　　此時的詩歌創作，受「乾嘉學派」考據風氣的影響而形成清詩「以史為詩」（多詠史、弔古之作）、好議論、好用典的特徵。江西詩人也不例外，他們的詩歌創作同樣浸染了這樣的風氣。

1　袁行霈主編：《中國文學史》第四卷，高等教育出版社，1999 年版，第 319 頁。

被乾隆譽為「江右兩名士」的蔣士銓和彭元瑞也都是詩詞名家。尤其是蔣士銓，他與袁枚、趙翼並稱「乾隆三大家」，是當時詩壇的領袖之一，足見其文學上的地位之高。他的詩歌風格多樣而獨特，兼有豪放與豔麗等多種特徵；他的詞豪放不羈，源自辛棄疾、陳維崧等人，被陳廷焯稱讚為善學稼軒者，胸中有奇氣、真氣。蔣氏之後，在詩壇占有一席之地的是有「詩佛」之稱的吳嵩梁，聲名遠播海外。另外，有清代駢文「八大家」之一稱號的曾燠，詩歌也頗有成就。

其他的詩詞作家還有很多，如尚廷楓、帥家相、裘曰修、余騰蛟、陶金諧、何在田、陳奉茲、謝啟昆、吳森、羅有高、蔣知讓、紀大奎、宋鳴珂、周厚轅、李如筠、劉鳳誥、曹龍樹、楊垕、汪軔、吳照、李傳煒、樂鈞、蔣徽（女）、徐謙、郭儀霄、周彥、甘之佽、鄧裴、萬承紀、陳用光、謝學崇、舒夢蘭、余鼎等，他們共同構成江西詩詞的燦爛星空。

第一節 ▶ 蔣士銓的詩詞創作

蔣士銓（1725-1785），字心餘，一字苕生，號清容，又號藏園，晚年號定甫、離垢居士，鉛山人，是清代著名的詩人、劇作家，也是優秀的教育家。他秉承傳統，綜合創新；才情筆力，熔鑄胸懷。他同情人民疾苦，繼承和發揚了杜甫、白居易的現實主義創作傳統，敢於以詩文來揭露社會現實，鞭撻腐朽的政治制度；他把文學創作看做抒發憂國憂民之情，「激揚忠義」「經世致用」的高尚事業，用自己的創作成果奠定了他在中國文學史上

的地位。他少有「才子」之目，長而以詩古文辭負海內盛名，尤以詩名天下。乾隆中葉以後，士大夫論詩，咸推袁、蔣、趙為「三大家」；乾隆皇帝曾賜詩稱他與彭元瑞為「江右兩名士」，袁枚稱他為有「奇才」的詩人。錢仲聯先生說：「他不僅是乾嘉詩壇的領袖人物之一，而且以戲曲成就高步一時。王昶論其詩為當代之首，李調元評其曲為近時第一。詩曲成就雙雙得到同時著名評論家的充分認識和最高評價，這在整個清文學史上恐怕不得不指為絕無僅有的一家。」蔣士銓今存詩二五九六首，詞二七一闋；傳奇、雜劇十六種，其中《臨川夢》《冬青樹》《一片石》等九種合稱《藏園九種曲》。此外，他還寫了大量的論、策、序、賦、表、疏、檄、墓誌銘、雜議等文章，合編為《忠雅堂全集》。他四十歲辭官後，曾主講浙江紹興蕺山書院、杭州崇文書院和揚州安定書院，對清代的教育作出了一定的貢獻。研究清代文學，蔣士銓是一位不可忽視的人物。

蔣士銓的一生，大致上可以分為四個時期：一、少年求學與壯游時期（少年至二十九歲）；二、十年求仕及任官時期（三十歲至四十歲）；三、寓居南京及講學時期（四十一歲至五十一歲）；四、復官和晚年閒居時期（五十一歲至六十一歲）。

綜觀蔣士銓的一生可知，蔣士銓是一位才華橫溢思想進步的文學家，他的詩詞、戲劇與散文不僅在藝術上富有獨創性，而且在思想內容方面具有現實主義的特色。蔣士銓四齡讀書，十年遠游，在艱苦中度過他的童年和青年，弱冠之後，讀書求仕，見識於總憲金德瑛，兩次公車，雖經曲折，畢竟得意春風，以才情見重於省內。三十考授內閣中書舍人，三十三成進士，改庶吉士，

散館授編修，歷四年而辭官歸。這十年為官，政治上是上升時期，而思想上、文學創作的風格上又是變化時期，作品漸趨豐富，詩詞曲文揮毫立就、名噪京師。特別是他的詩詞，有的慷慨豪放、有的沉顧頓挫，有的細膩婉曲、有的瀟灑自然，題材廣泛，內容豐富，歌頌了祖國的大好河山，反映了一定的社會現實。乾隆四十二年開始講學，六載於越，三載於揚，廣交名流學士，飽覽名勝古跡，寫了大量的諷喻詩、紀游詩、詠懷詩與唱和詩。還創作院本五個，填詞數種，是他的多種風格成熟期。思想由矛盾而深沉，而成熟，對社會問題的洞察更加尖銳。五十四歲感激再出山，至五十九歲以病歸，在疾病和憂愁中淹滯京中六年，在「報主恩」「力疾起官」和「宦薄終難望宦成」的矛盾中，走完了晚年之路。當然，蔣士銓奉行的是儒家「達則兼濟天下，窮則獨善其身」的人生哲學，又具有「攀蘿附葛」不畏行路難的精神，因而他的晚年復官，也就可以理解了。

蔣士銓以他豐富的詩歌詩作實踐了他的美學思想。他的詩風格獨具而又紛繁多彩。過去人們評論蔣詩，也總愛把袁枚、趙翼放在一起談論。《鉛山縣志‧蔣心餘傳》稱：「錢塘袁枚、陽湖趙翼先後與士銓同館、彼此心相契、名亦相埒，時有袁蔣趙之稱。然云菘（趙翼字）自謂第三人；子才（袁枚字）固籠罩一切，而文章出於氣節，至今猶景仰藏園。」正因為蔣士銓寫詩「出於氣節」，發諸心胸，才使他的詩歌有很高的藝術價值，連袁枚也深為景仰。

風格的獨特和多樣是蔣詩最鮮明的特色。他一生「嶔崎磊落」，「以古丈夫自勵」，形成了他詩歌豪放沉雄的主要風格。阮

元說他「當其意氣觸發，如雷奮地，如風挾土，如熊咆虎噑，鯨吞鰲擲，山負海涵，莫可窮詰」，雖略嫌過譽，卻一矢中的。他青壯年時寫的一些山水紀游詩，是這種風格的代表作。如《十八灘》：

> 前灘髑突奔長洪，後灘詰屈趨黃公，狂波數里勢一折，積鐵四立山重重。輥雷轟轟動地軸，卻駕大艑馳長風。連檣疾上破逆浪，峭壁橫塞驚途窮……大笑往來失阻礙，一瀉千里開心胸。

讀著這樣的詩句，我們彷彿看見，詩人駕著一葉扁舟，在「亂石穿空，驚濤拍岸」的江河中大笑往來，破浪前進。這氣魄，真不亞於李白的《蜀道難》、蘇東坡的《念奴嬌》。在妙高台上，他「縱目青天下」，嚮往著「仙槎如可借，我欲泛滄溟」。登上「絕頂輪囷不可上，危蹬百級高盤旋」的從姑山，只覺得「腳底群山自羅拜，眼中直欲無人煙」。在游覽中，他忘懷不了事業：「臨風欲拓錢王弩，一射潮頭十丈山。」(《登城隍山》)「壯心愁跋涉，射虎意飛騰。」(《曉泛》)直到晚年，他猶壯心不已：「乞我黃獐三斗血，為君重唱少年行。」(《射獵圖》)這些豪邁的詩句，信筆揮灑，發自肺腑，給人以勇氣，給人以力量，是詩人力學李白、蘇東坡、黃庭堅的結果，同時與詩人的壯游生活是分不開的。

仕途的坎坷，生計的窘迫，使他中晚年的詩歌一變而為沉鬱。沉鬱不可強為，它是以生活為基礎的。作為一種沉鬱的風

格，作者的感情是深沉鬱積的，雖有千言萬語，卻不能噴薄而出，只能曲折地透露。清統治者對漢族知識分子的疑懼心理，康雍乾時期殘酷的文字獄，是造成蔣士銓詩歌沉鬱風格的社會原因，而詩人「嶔崎磊落」的性格、對社會的擔憂、壯志難酬的苦悶，則是其主觀原因。他中晚年的詩多慷慨悲涼，充滿抑塞磊落之氣。如：「臥聽兒曹鳴鏑聲，尚有雄心暗傾瀉」（《聽射示兒輩》）「底須更動凌雲想，起拍闌干醉酒痕」（《宴金山江天閣題壁》）。面對著傲霜鬥雪的梅花，詩人發出「橫斜堪一笑，何補朔風天」（《梅花》）的嘆息。「夢中曾倚修文案，長嘆聲中淚如傾。」這類詩以情動人，風格淒惻宛轉、深切悲涼，揭示了詩人心中的抑鬱悲苦。

蔣士銓是個多才的作家，袁枚把他和蘇東坡並稱，說「蔣君心餘，奇才也」，決不是沒有根據的。阮元評其詩曰：「古詩勝於近體，七古又勝於五古，蒼蒼莽莽，不主故常。如昆陽夜戰，雷雨交作；又如洞庭君吹笛，海立雲垂，實足開拓心胸，推倒豪傑。」（《蔣心餘先生傳》），他的五古和七古，確實是意境清新壯拔，語言通俗曉暢，姿態紛繁，別具一格。如：

　　儂影孤如雙港塔，郎身遠似喻坊船；三十六灣團轉路，灣灣相望不團圓。（《鄱陽竹枝》）

　　酒旗低卷綠荷香，柳嶼花汀互掩藏。魚引游人戲蓮葉，四周穿到鏡中央。（《李園高詠樓銷夏》其二）

　　半夜移燈上畫船，殘星明滅尚分懸。一聲長笛穿橋過，吹散垂楊萬縷煙。（《李園高詠樓銷夏》其十一）

這些詩清新恬淡，意境優美，詩情畫意，洋溢其中。詩的意境是一種美，這些意境優美的詩，與上面那些意境壯美的詩一樣，都是詩人所創造的藝術美。它是詩人認真學習樂府民歌的表現手法、細心觀察生活的結果，可惜這種詩在詩集中並不太多。又如：

愛子心無盡，歸家喜及辰。寒衣針線密，家信墨痕新。見面憐清瘦，呼兒問苦辛。低回愧人子，不敢嘆風塵。（《歲暮到家》）

低叢大葉翠離離，白玉搔頭放幾枝？分付涼風勤約束，不宜開到十分時。（《題王石谷畫冊·玉簪》）

這些詩婉曲細膩，情感逼真自然。「不敢嘆風塵」兩句傳神地寫出了詩人母子之間愛戀的情深。後一首則婉轉地表現了詩人惜花愛花怕花開早的心情，因為花開十分，凋謝就開始了。

蔣士銓還有不少詩寫得豔麗工巧。「載酒船依宮樹綠，踏青人愛畫樓紅」（《偕袁簡齋前輩登清涼山》），酒綠燈紅，構成綺麗的色調。「見慣風光題句懶，習歸魂夢到家先」（《自杭州赴潤州途次口號》），「落絮幾團驚宿蝶，游絲千尺繫飛鳶」（《風日》），「岸樹青回知節改，簾衣朝卷驗寒輕。」（《依依》）這些詩句對仗既工巧，意境也很清新。還有一些詩寫得瀟灑自然：

秋雲漠漠雨綿綿，一夜湖東水拍天。隔岸紅衣搖落盡，浪花堆滿寺門前。（《秋日過浮州寺》）

秋雨綿綿的季節，詩人蕩舟鄱湖，經過浮州寺，只見一夜秋風，把對岸的紅花吹落淨盡，水波蕩漾，把落花推送到寺門前。全詩不加一點修飾，寫景抒情真切自然。

蔣士銓認為他的詩到「五十歲」，始「不依傍古人而為我之詩矣」，從風格的形成和發展來說，這倒不是虛言。我們認為，蔣士銓詩的風格是隨著時代的發展、自己的生活經歷和創作經驗的增添而日趨成熟的。從總的傾向看，他的詩多呈宋調，兼取蘇黃，在追求一種豪放與瘦硬相結合的詩風。但他從來沒有把自己的詩局限於某一方面，生活本身的無比豐富的內容和絢麗多姿的色彩，是他追求風格多樣化的客觀基礎，他也善於根據所寫題材的不同而因勢利導，對不同的對象採用不同的筆調來描寫。因此，就形成了具有不同特色的詩風。在一個基調上追求風格的多樣化，的確是蔣士銓詩歌的一大特色。

蔣士銓的詞有《銅弦詞》上下兩卷，收詞作二七一闋。今查其卷，上卷收詞作一一五闋，下卷收詞九十二闋，另附散曲套數十二套六十一支，共計二六八闋。

清代是詞的復興時代，清初朱彝尊、陳維崧、納蘭性德鼎足詞壇，稱三家。清人胡薇元說：「陳天才豔發，辭鋒橫溢。朱嚴密精審，超詣高秀。容若飲水一卷，側帽數章，為詞家正聲。散璧零璣，字字可寶。」（《歲寒居詞話》，見唐圭璋《詞話叢編》四〇三八頁）三家之詞，對清中後期詞壇都產生了很大影響，蔣士銓的詞，走的便是陳維崧一路。《近詞叢話》云：「當時朱陳村詞，流遍宇內，傳入禁中……康乾之際，言詞者莫不以朱陳為範圍，惟朱才多，不免於碎，陳氣盛，不免於率，故其末派，有

俳巧奮末之病。錢塘厲鶚，吳縣過春山，近朱者也。興化鄭燮、鉛山蔣士銓，近陳者也。」在清代文學諸作家中，蔣士銓是以詩、曲成就雙雙得到當時著名評論家充分認識和最高評價的人，王昶論其詩為當代之首，李調元評其曲為近時第一。但他的詞，卻褒貶不一，毀譽參半。貶之者甚至列入「質亡無文者」之末類，謂其詞「並不得謂之詞也」，足見評價不高，當然，所論也不無偏頗。

《銅弦詞》的內容，較多於紀游抒懷、題贈迎送，記事詠物之作。細分其類，則紀游抒懷首占十之一二，題贈迎送占十之六七、記事詠物占十之一，還有其他若干首。他的紀游抒懷詞反映青少年讀書壯游、嚮往「英雄事業」的生活，寫景述懷，語多豪健。《滿江紅·渡黃河》云：「笑當年割據，今朝城郭。數折源通星宿遠，一層冰繞昆侖弱。把英雄事業問前朝，消河洛。」《泊黃州二十初度·念奴嬌》云：「落帆江口，是太行、歸客懸弧之日。逝水年華，驚廿載、兩字功名難必。」《滿江紅·赤壁》云：「鑿翠流丹，使全楚、山川襟帶；是一片、神工鬼斧，劈開靈界。磯下白龜橫斷岸，樓中黃鶴飛天外。剩文章雙照大江流，垂金蝹。」《酹江月·望廬山》慨嘆：「十載天涯幾兩屐，踏遍太行千曲。投筆歸來，布帆無恙，穩泛濤江綠。青山相對，形容傴塞如僕。」

為了求仕，蔣士銓曾三次入京，仕途辛酸，別離心緒，也多在詞中體現。如《齊天樂·壬申下禮部出京宿良鄉》云：

來時盡說長安樂，出門西向而笑。半入雲霄，半飄塵

海，半在秋原殘照。欹斜烏帽，對冷月啼蛄，影形相吊。此
味心酸，古人先我已嘗到。風雲何限屠釣，嘆行年廿八，已
非英妙。數折桑干，一條虹彩，車騎喧喧爭鬧。不如歸好，
共烏鵲南飛，聽他低叫。飽吃黃粱，擁衾眠一覺。

這一年蔣赴禮部恩科會試，九月榜發下第，乃出京，作此
詞。上片寫滿懷信心而來，傷心落魄而歸。落第之酸苦，個中滋
味，古人早先我嘗到。過片承古人而作寬解，古人風雲際會，何
限於朱亥業屠，太公垂釣。只可嘆，自己行年廿八，已非少壯；
科場屢折，不如歸好。蔣士銓辭親遠游，時間很長，表現親情，
在所難免。如《城頭月・中秋雨夜書家信後》三首，表現對親人
的思念，最為細緻入微。又如《水調歌頭・舟次感成》寫對妻子
的感憶：

偶為共命鳥，都是可憐蟲。淚與秋河相似，點點注天
東。十載樓中新婦，九載天涯夫婿，首已似飛蓬。年光愁病
裡，心緒別離中。詠春鼃，疑夏雁，泣秋蛩。幾見珠圍翠
繞，含笑坐東風。聞道十分消瘦，為我兩番磨折，辛苦念梁
鴻。誰知千里夜，各對一燈紅。

詞上片點明貧家夫婦的艱難，年光多在憂愁疾病中度過，心
緒總在離別相思中走來。更何況十年九別，已身心憔悴了。過片
說一年中春夏秋三季皆睹物傷情。繼之以慨嘆，能有幾回團欒圍
坐。「聞道」三句回憶妻子已為他生了知廉、知節兩個兒子，平

時舉案齊眉，相敬如賓，身體已十分消瘦。最後說，誰能知道，今夜我們身在千里之外，各自面對孤燈，正陷入深深的思念之中。蔣士銓是寫親情的高手，所寫《歲暮到家》表現母子情深見於詩中，而表現伉儷情深則於此詞可見一斑。

蔣士銓的題贈迎送類詞內容較雜，有題冊題畫、題傳奇院本，有應酬交往，有迎來送往。在這類詞中，無論內容如何，都能結合所寫對象，融入自己的情感，如《金縷曲·春郊送客圖送陳望之歸商丘》二首，既題圖，又送客，更織進個人感受。陳亦落第而歸，故詞中有規勸，有勉勵。其一寬慰對方云：「君能使筆如揮帚，諒斯人，天非無意，勳名終有。卿相之樂等閒耳，何事方為不朽？莫但學鄒枚賦手。愛惜年華開萬卷，笑塵容碌碌隨人後。任余子，曳履走。」

其二聯繫到自己，說：「我亦悲歌士，憶當時，青雲結客，黃沙射雉。三十行年豪氣盡，川上低回流水。看遍了，江山如此。圓缺陰晴，今古共達，人心那不如灰死。知我者，二三子。」在《滿江紅·自題空谷香傳奇》詞中，他總結自己戲曲創作經驗，說：「十載填詞，悔俱被粉粘脂涴，才悟出，文之至者，不煩堆垛。譎諫旁嘲惟自哂，真情本色憑誰和。待招他、天下恨人魂，歸來些。」提出「不煩堆垛」和「真情本色」兩項追求。他的應酬交往相互酬唱的詞，多出於慷慨激昂的個性，發自肺腑，飽含深情而不作應酬套語。如四十歲辭官時寫給紀心齋、戴匏齋的《賀新涼·疊韻留別紀心齋戴匏齋》下闋說：「落紅已葬燕支土，算楊花，飄茵入溷，年年誰主？猿鶴形骸麋鹿性，未可久居亨墅。況臣是孤生寒寠。袞袞諸公登台省，看明時、無闕

須人補。不才者，義當去。」其詞頗多幽怨激憤之意，也委婉地訴說了辭官之因。又《賀新涼‧再疊韻柬心齋匏齋》云：

> 水鳥愁鐘鼓，問如何，猩猩鸚鵡，皆能言語？燕子顛當
> 誰高下？一樣傍人門戶。孤雁把、更籌細數。蜂蜜蠶絲因何
> 事？轉香丸，只有蜣螂許。蟬吸露，太清苦。百蟲墐戶爭銜
> 土。費商量，虎威狐假，鵲巢鳩主。蝴蝶飛飛迷香國，心死
> 那家園墅。脫毛羽，號寒艱窶，不若蜉蝣衣裳美。海茫茫，
> 精衛思填補。一聲鶴，渺然去。

全詞均以鳥蟲為喻，以水鳥、燕子、孤雁、蜜蜂、蠶蟬、號寒鳥、精衛自比，而以猩猩、鸚鵡、顛當（小蜘蛛）、蜣螂、狐狸、鳩鵲、蜉蝣比各色齷齪小人，藉物性以諷刺議論，暴露官場污濁，曲折地表明自己報效無門，只好辭官歸去的心態。

蔣士銓還有一些記事詠物之詞，也頗為時人稱頌。中國古典詩詞以抒情言志為主體，記事之體多在文中，間有樂府古體敘事之詩如《木蘭辭》《孔雀東南飛》之類，詞則極少。《銅弦詞》中卻有兩首詠事之詞。《賀新涼‧明余杭知縣府谷蘇公萬元殉節哀詞》云：

> 寇至無人抗。嘆孤城，丸泥失守，誰當屏障。舊令歸田
> 遺一老，肯復去先民望。露白刃，與公相向。亂世之人為賊
> 好，勸先生、冠改黃巾樣。得富貴，且無恙。公怒裂眥聲何
> 壯。看微臣，此時心目，海天空曠。願脫齒牙為劍戟，一罵

豕蛇都喪。賊顧曰,是真倔強。爾不我從須賂耳,奈窮官、壁立無封藏。但斫此,好頭項。

利刃環而下。血淋漓,浩然之氣,與刀相射。賊技如斯堪一唾,公乃憑虛而駕。看府谷荒城斗大。中有孤魂垂白練。照河山。不許秦關夜。萇弘恨,豈能化。鄉宜義烈南雷亞。惜當時,寸權尺土,一無憑藉。過客哀歌還擊缶,淚湧渭橋清灞。公有後,士之良者。作吏尋公遺愛去,向余杭,酹酒公祠舍。述祖德,定悲詫。

乾隆四十一年,「奉敕凡明季諸臣抗拒王師而死者,並予褒諡。其死於流寇與死於燕王之篡立者,亦並表章。凡三千六百餘人,分專諡、通諡、祠祀三等人,各錄其事蹟為傳,仰見聖人之心,大公至正,視天下之善如一,不以異代而歧視也」(《欽定四庫全書簡明目錄》),編成了《欽定勝朝殉節諸臣錄》十二卷。其卷十一「寇難殉節」,入祀忠義祠有載:「蘇萬元,知縣,府谷人」,而無文字記載。蔣詞則較詳細地記載了蘇公臨敵不懼,大節不改,慷慨就死的經過。下一闋更歌頌了蘇公光照河山的精神。謝章鋌《賭棋山莊詞話》有云:「詠事之詞,有通闋述其事而美刺自見者,有上半闋述其事,下半闋或議論或讚嘆者,其法皆與古文家紀傳相通。至於詠節義,述忠孝,則剛健婀娜之筆,婉轉慷慨之情,四者缺一,難免負題。余最愛心餘(此詞),廉頑立懦,端推此種。」(卷二)

此外,蔣士銓還有一組詠物詞《壬午京兆闈中詠物》,作《滿江紅》八首,分詠闈中藍筆、薦條、號簿、落卷箱、供給

單、鄉廚、官燭、魁雞八物，以表現對科舉制度的諷刺與揭露。
試以一首論之，如《藍筆》：

> 毛穎先生，新除授，蔚藍天使。青眼內，生平不識，楊
> 朱墨氏。翠壁閒題應滅跡，綠天遍寫難尋字。草新詩，待借
> 碧紗籠，添螺子。黛眉恨，何關爾，青衫淚，多由此。判升
> 沉，一旬辛苦，三年悲喜。疏密圈來方入轂，縱橫抹去非知
> 己。比盧公老臉坐中書，操生死。

首三句借用韓愈《毛穎傳》之說，稱筆為毛穎先生，說藍筆
新授天使，言其在科考中地位重要。青眼三句說只考儒家內容，
故不識異端邪說如楊朱墨氏。翠壁兩句說此筆無緣通用，只寫偏
僻之字，意謂考題之偏怪。草新詩三句謂終有出人頭地之遇。
《唐摭言》：「王播少孤貧，客揚州木蘭院，隨僧齋食。僧厭
怠……後出鎮是邦，訪舊游，向之題句皆以碧紗籠之矣。播繼以
詩，有『三十年來塵撲面，而今始得碧紗籠』之句。」螺子當指
螺子墨，《輟耕錄》：「魏晉時始有墨丸，後有螺子墨，亦墨丸之
遺制。」下闋說女子無緣科舉，有恨，然非關筆事。而男性學子
之淚多由此來。考官持筆判卷，他們一旬辛苦，卻關係著考生三
年的悲喜。得投其好者圈中了，不合其意者抹去了。結兩句歸到
韓愈《毛穎傳》意上。韓愈為毛筆立傳，讚揚毛穎能盡其所能，
並諷喻皇上的寡恩薄情。文中有謂：「上見其髮禿，又所摹畫不
能稱上意。上嬉笑曰：『中書君老而禿，不任吾用。吾嘗謂中書
君，君今不中書邪？』對曰：『臣所謂盡心者。』因不復召，歸

封邑，終於管城。」蔣則反用其意，謂其老臉猶坐中書，操縱生死大權。其他各詞亦據所詠之物的功能、典故，議論抒懷，表達作者的批判意識。

《銅弦詞》的內容，大略如上述。

蔣士銓《銅弦詞》在藝術上也有自己的個性。他的詞完全擺脫了詞為豔科的束縛，不作花前月下、歌兒舞女之吟；不為綺旎婉麗、偎紅倚翠之語。出於慷慨激昂的個性，他的詞意境渾厚，用語豪健，雖然內容多為應酬交往之作，而所抒發多為寂寥身世、沉浮宦海之感情。所以，陳廷焯《詞壇叢話》論曰：「心餘詞，桀驁不馴，然其氣自不可掩。彼好為豔詞麗句者，對之汗顏無地矣。」又說：「心餘詞，秋氣滿紙。燈下讀之，其光如豆，與板橋同一筆墨恣肆。」試讀其回憶讀書游歷、考場折羽時所寫的兩闋《賀新涼》詞：

> 仰屋和誰語，計年華，人生不過，數十寒暑。轉憶四齡初識字，指點真勞慈母。授經傳呀唔辛苦。母意孳孳兒欲臥，剪寒燈、掩泣心酸楚。教跪聽，麗醮鼓。十齡騎馬隨吾父，歷中原，東西南北，乾坤如許。天下河山看大半，弱冠幡然歸去。風折我，中庭椿樹。血漬麻衣初脫了，舊青衫，又染京華土。敗翎折，墮齊魯。

> 愁似形隨影。苦飄零，身如槁木，心如廢井。塵海迷漫無處著，常作風前斷梗。觸往事，幾番追省。十載中，鉤吞不下，趁波濤、忍住喉間鯁。嘔不出、漸成癭。眼前一片饝粘境。黑甜中，痴人戀夢，達人求醒。閱盡因緣皆幻泡，才

覺有身非幸。況哀樂、勞生分領。歷亂游蜂鑽故紙，溺腥
羶，醉飽憐公等。草頭露，但俄頃。（《廿八歲初度日感懷
時客青州》）

第一闋詞回憶慈母授讀、父攜游歷、歸家父逝、服除赴考、
折羽京華的經歷，語語沉痛。第二闋詞抒寫落第後痛苦的情懷。
藉物言情，境極沉痛。對此詞，前人評價很高，陳廷焯稱此詞為
「全集完善之作」，尤其讚賞「十載中」數句，謂其「精神卻團
聚，意境又極沉痛，可以步武板橋」。

乾隆十三年，蔣士銓二十四歲，下第歸南昌，南昌判官程北
涯於浮香舍小飲，蔣士銓口占雜紀四首，寄調《賀新涼》，亦為
意境深厚之作。試讀其一首：

名宦何堪數，讓先生，風裙月扇，歌兒舞女。達者為官
遊戲耳，續了袁家新譜（原注：北涯有後西樓填詞）。誰唱
得，屯田樂府？非我佳人應莫解，向花間，自點檀匡鼓。奏
絕調，可千古。秋宵想見文心苦。列名姬，共持椽燭。箏琶
兩部。忍凍揮毫辭半臂，明月西樓才午。盡一串珠喉吞吐。
越霰吳霜蓬背飽，奈年來、王事都靡鹽。藉竿木，尚能舞。

程北涯是清乾隆時戲曲作家，有《後西樓填詞》，曾校蔣氏
新詞院本。此詞上片贊北涯既為官，又創作出優秀的劇目，流傳
千古。下片寫其創作艱辛。「越霰吳霜」幾句，說他扁舟一葉，
餐風宿露於吳越間。雖然王事艱難，而他猶如舞干戚之刑天，猛

志固常在。體物之工，造境之深，逼真妥帖。所以《白雨齋詞話》稱其語「激昂嗚咽，天地為之變色」。（卷四）

蔣士銓具有詩人、戲曲家的雙重身份，我們探討蔣士銓詞的藝術成就，不能不注意到這點。他擅作傳奇，曲之於詞，更細膩，更深於情，更能打動人心。他寫詩的才能與寫曲的技巧常常融合在一起，使他的詞在豪健之中頻出委婉細膩之風。他的親情詞便具有這種特點。如《長亭怨慢·個儂》寫思念親人之切：「畫簷上，蟾鉤皎潔。也似揚州，二分明月。玉臂清輝，卷簾同坐半窗雪。憑肩私語，無那個儂痴絕。問河畔雙星，可真個，年年歡喜離別。」此詞委婉纏綿，但含蓄而不俗，是婉約風格的代表。此外如《城頭月·中秋雨夜書家信後》二首：

> 他鄉見月能淒楚？天氣偏如許。一院蟲音，一聲更鼓，一陣黃昏雨。孤燈照影無人語，默把中秋數。荏苒華年，更番離別，九載天涯度。
>
> 清宵定置高堂酒，料得杯當手。弱婦扶持，匆孫宛轉，怎及兒將母。遙憐扶杖依南斗，明歲兒歸否？窮達難知，團欒最樂，悔煞長安走。

此詞作於乾隆十七年八月中秋，蔣出門赴禮科會試。離家數月，佳節思親，其一上片對景發問，下片自述情境。其二上片設想家中，下片自申悔恨。表現親情，最為細緻入微。

清人論蔣士銓詞從陳維崧一路來，而陳詞又從稼軒來。可見，蔣士銓詞走的是辛棄疾、陳維崧豪放一派的路子。蔣本性情

中人，阮元說他「志節凜凜，以古丈夫自勵」；王昶說他「風神散朗如魏晉間人⋯⋯有古烈士之風」。以其個性，走辛陳之路是很自然的。清代詞論家中，徐珂、陳廷焯、謝章挺、胡薇元、李寶嘉、丁紹儀等人都對蔣詞作過評價。他們對《銅弦詞》的評價褒貶不一，試就三種意見討論之。

一是褒之者推崇他為善學稼軒者。陳廷焯《白雨齋詞話》指出：「稼軒⋯⋯後起則有遺山、迦陵、板橋、心餘輩。」而謝章挺《賭棋山莊詞話》作了分析，他認為學稼軒要於豪邁中見精緻，近人學稼軒，只學得莽字、粗字，無怪闌人打油惡道。試取辛詞讀之，豈一味叫囂者所能望其頂踵。而「蔣藏園為善於學稼軒者。稼軒是極有性情人，學稼軒者，胸中須先具一段真氣奇氣，否則雖紙上奔騰，其中餒空焉，亦蕭蕭索索如牖下風耳」（卷一《論學稼軒》）。蔣士銓論詩強調「真」，袁枚曾以「奇才」論蔣，謂其意態奇、行止奇、遇合尤奇（《忠雅堂詩集序》）。可見，蔣士銓正是有真氣奇氣的詩人。他的詞學稼軒，是具備了詞人氣質這一基本條件的。雖然時代並沒有為蔣氏提供相同的質，《銅弦詞》在表現愛國情懷方面遠遜辛詞，但在追慕先賢、嚮往事業、人生得失、抒寫懷抱等方面，蔣詞確也表現了「善學稼軒」的相同風貌。《渡黃河》說：「把英雄事業問前朝，消河洛。」《望廬山》曰：「十載天涯幾兩屐，踏遍太行千曲。」《言愁》云：「不解愁從何處至，覺道眼前都是。同行同坐總難消，只好與愁同睡。」廖炳奎說：「先生別有《銅弦詞》二卷，是世間一種不可磨滅文字。」（《忠雅堂古文跋》）可謂知音。

二是貶之者批評他氣粗力弱。陳廷焯在《詞壇叢話》中，對

蔣詞尚多推崇肯定之語，而在《白雨齋詞話》中，則批評「心餘力弱氣粗」，說：「板橋詩境頗高，間有與杜陵暗合處。詞則已落下乘矣。然畢竟尚有氣魄，尚可支持。心餘則力弱氣粗，竟有支撐不住之勢。後人為詞，學板橋不已，復學心餘，愈趨愈下，弊將何極耶。」（《白雨齋詞話》卷四，唐圭璋《詞話叢編》三八五二頁）而胡薇元《歲寒居詞話》論歷代詞分「文質適中者」「質過於文者」「文過於質者」「有文無質者」「質亡而並無文者」五類，其四已入「詞中之下乘」，其五則「並不得謂之詞也」，他把蔣詞列為第五類而全盤否定，實為過激之論。文質是作品形式與內容的評價，在中國文學批評史上，文勝質，質勝文，文質相付，均體現於不同時代文學思潮的評價方面。對於豪放詞，謂其質勝文，也即內容突破形式可也，謂其無質則不可。蔣學辛陳，其詞偏於豪放一路，胸中一段真氣奇氣運於詞中，自然「倔強盤曲」，「桀驁不馴」（亦陳廷焯語），何得謂亡質無文者哉！至於「力弱氣粗」之論，亦當分析。從語言風格看，蔣詞如《水調歌頭·沈維涓太守席上感事》：

> 對酒不能飲，看鬢欲成絲。眼中咄咄怪事，誰可合時宜？幾許弓蛇薏苡，一片白衣蒼狗，大概盡如斯。耳熱勿擊筑，劫急且圍棋。牧豬奴，屠狗儈，販繒兒。黥徒伎倆，止此恩怨鳥嘻嘻。兔狡竟遭人畢，蠶巧那堪自縛，斷送老頭皮。奮袂為公舞，爛醉莫須辭。

此辭憤激之情形於言表，確實未免粗豪叫罵之譏，然此等詞

作，集中並不多見，未可以偏概全。至於說力弱，其「力」所指為風力、骨力、才力、筆力？批評者並未提供例證，吾不知所據。

　　三是批評蔣士銓「時雜以詩句曲句」的問題。丁紹儀《聽秋聲館詞話》論袁蔣趙三大家，謂「心畬太史頗以工詞稱，惜所著《銅弦詞》時雜以詩句曲句，王氏《詞綜》只選三闋而已」（卷十八）。這種批評仍堅持南宋李清照以下的尊體觀念，以詩詞曲為不可逾越之體。特別是清代李漁《窺詞管見》提出詞與詩、曲區別的理論之後，對其後詞壇影響尤大。李漁拈出「腔調」「用字」「精神氣度」三把標尺，說：「詩有詩之腔調，曲有曲之腔調，詩之腔調宜古雅，曲之腔調宜近俗，詞之腔調則在雅俗相和之間。」用字方面「有同一字義，而可詞可曲者。有止宜在曲，斷斷不可混用於詞者」。至論精神氣度，「則紙上之憂樂笑啼，與場上之悲歡離合，亦有似同而實別，可意會而不可言詮者」。要求從語言風格、用字、形象等方面區分出詞與詩、曲的界限，丁氏之說顯然接受其影響。丁說蔣詞「時雜以詩句曲句」，這種批評當然不錯，王氏《詞綜》因為這個原因只選蔣詞三首，也說明這種觀念帶有普遍性。但以詩為詞、以曲為詞前人已有先例，未必是缺點，而應該是特色。從理論上看，蔣士銓並不固守藝術的門類特徵，而提倡廣取博收，綜合提高。他讚揚鄭板橋的書畫是「別闢臨池路一條」。他推崇羅聘的畫能「展足裂地維，放手破天械」，在藝術上不「束縛規矩中」，因而他自己也敢於把詩、曲的創作精神融入詞中，這也應當是一種創造。他在這方面成功的例子也大有所在，如《邁陂塘・彭夷鵠儀庵詞後》：

灑秋風，淚痕幾許？釀成酸楚如此。哀猿啼到三聲後，不管征人欲死。吾與爾，分萬斛閒愁，歌泣將焉止。青春去矣。問何者消憂，只應無語，相對夕陽裡。情一往，灩灩溶溶難比，恰似一江春水。無端風雨豪端出，哀怨聲盈天地。知音幾？個我輩傷心，不但鍾情耳。嗚嗚誰倚？當付與雙姝，玉簫相和，低唱過彭蠡。

此詞腔調或雅或俗，表現細膩，更深於情，更能打動人心。

蔣士銓是清代以詩文詞曲享有盛名的文學大家。可惜的是，長期以來，對蔣士銓的研究並不太深入，各家文學史對他重視的程度也多有不同，對《銅弦詞》的研究更相對偏少。

第二節 ▶ 曾燠

曾燠（1759？-1831）（按：其生年，《江西歷代文學藝術家大全》一五二九頁「曾燠」條作一七四九年，疑誤。文獻多作一七五九年或一七六〇年，待考），字庶蕃，一字賓谷，晚號西溪漁隱，南豐人。乾隆辛丑年（1781）進士，選庶吉士。授戶部主事。歷官兩淮鹽運使、湖南按察使、廣東布政使、貴州巡撫等。任兩淮鹽運使期間，在江蘇揚州城開辟題襟館，同賓客賦詩為樂。以貴州巡撫致仕，道光十一年卒，年七十二。生平事蹟見《清史列傳》《國朝耆獻類征初編》《清朝碑傳全集》《江西詩徵》等。

曾燠善詩詞，工駢文，有「清駢文八大家」（袁枚、邵齊燾、劉星煒、吳錫麟、曾燠、洪亮吉、孫星衍、孔廣森俱工駢文，亦

號「八大家」，見清吳鼐編《八家四六文鈔》）之一的美譽。選
刻繁多，著述頗豐，編選《江右八家詩》八卷、《國朝駢體正宗》
（《清駢體正宗》）十二卷、《江西詩徵》九十四卷、《續金山志》
十二卷、《蘇東坡奏議》二卷、《朋舊遺詩》十八卷、《虞道園詩
集》八卷，著述有《賞雨茅屋詩集》二十二卷外集一卷、《駢體
文》二卷、《外集》二卷、《藝學軒》與《西溪漁隱》各一卷、《呂
子易說》二卷等。《續修四庫全書》第一四八四冊集部，影印湖
北省圖書館藏清嘉慶二十四年刻增修本《賞雨茅屋詩集》二十二
卷《賞雨茅屋外集》一卷。據不完全統計，其現存詩歌一五四二
首，文四十三篇。

　　曾燠一生升沉官場，故其詩屢見與同僚酬唱贈答之作，如：

　　　昔游如夢思茫茫，語向君前倍感傷。樓上酒人明月夜，
　　雪中詩話聚星堂。雛鴉畏晚尋巢急，孤樹驚秋落葉涼。莫問
　　少陵舊詩卷，不堪東郡弔城荒。（《伊孝廉墨卿與余話舊感
　　向者東郡之游而見於詩黯然奉答》）

　　　我得南星鐵如意，狂歌水仙愁擊碎。世間何物堪倚聲，
　　竹管匏笙不能吹。鐵崖嘗夆雙鐵龍，雌龍入海招其雄。千年
　　干鏌兩俱化，至今怒吼吳江風。玉鸞也復無消息，曾照廣陵
　　秋月白。廣陵鍛工摹影來，白鸞毛羽今變黑。蕪城雪後風正
　　饕，寒冰一條吾手操。彈指連珠五星見，當頭明月三天高。
　　便欲招呼簫史輩，翩然彩鳳同游翔。元云之曲應天籟，世俗
　　絲管空喝嘈。如意從今得朋慶，以之按拍聲相應。池上蕤賓
　　方響飛，江東高唱銅琶競。此際官梅有芳信，吹徹簫聲花欲

迸。君不見道人鐵腳誦《南華》，宰相鐵心能賦花。（《鐵簫吟消寒席上賦》）

章公得天秉，羸紬迥殊眾。豈乏美好人，此中或空洞。君貌頗不揚，往往遭俗弄。王氏鼻獨黳，許丞聽何重。話仿仲車畫，書如洛下諷。又常患頭風，無橄堪愈痛。況乃面有瘢，誰將玉瑌礱。五官半虛設，中宰獨妙用。試以手為口，講學求折衷。有如遇然明，一語輒奇中。古來記載家，庋置可充棟。歧路互出入，亂絲鮮穿綜。散然體例紛，聚以是非訟。執持明月光，一為掃積霧。賴君雅博辨，書出世爭誦。筆有雷霆聲，旬旬止市哄。續鑑追溫公，選文駁蕭統。乃知貌取人，山雞誤為鳳。武城非子羽，誰與子游共。感君惠然來，公暇當過從。（《贈章實齋國博》）

廬陵久不作，茶陵今復見。誦君西涯詩，憶我蜀岡宴。我忝官茲邦，非無流風善。政愧賢守前，文居眾賓殿。徒申梓里恭，聊慰桐鄉戀。君家傍西涯，才亦西涯擅。有如宋公墅，寫入右丞卷。翻念塵土人，瑤華寄江縣。（《酬法梧門祭酒西涯見寄》）

聞聲有相思，進前有不御。矧伊淪落久，孤植在風露。虎丘一枯桐，不識誰手樹。幸免爨下焦，終稀匠石顧。瘁貌肯求悅，苦心良自喻。唐侯今㧑子，鳴琴張治具。常嘆知音難，忍令此材蠹。我有幽蘭曲，厥聲靡所附。煩君揮郢斤，為君發淵素。（《簡唐陶山乞虎丘寺枯桐斫琴》）

聖主求言量獨宏，謗書宣示舉朝驚。竟將忠愛憐蘇軾，不許公卿害賈生。絕塞烏頭三月白，歸裝駝背一編輕。旁觀

猶感君恩厚，何況親為雪窖行。(《稚存蒙特赦歸寄示塞外詩冊奉答》)

瑟瑟涼風為底生，荒荒明月太無情。江樓夜色清如此，一片吟蛩落葉聲。(《答蓮裳芙初夜坐之作》)

茲別昔嘗有，此才今所無。寸心千古遠，半世一樓孤。江大愁難沃，風春病不蘇。誰為張謂者，觴爾漢陽湖。(《贈劍峰》)

芳杜洲前新月黃，月中一院旃檀香。道人嚼花同嚼蠟，滿咽冰雪清肝腸。卻拗一枝持贈我，知我未減青蓮狂。鵝兒臘釀正新熟，清氣泡泡添杯觴。昨訪曹溪過梅嶺，南宗寥落南枝荒。道人能參黃面老，當為五祖開道場。(《觀音寺僧道源獻蠟梅一枝酬以數句》)

西山自昔兩詩人，苦學神仙施與陳。龜息尚留丹灶地，鶴飛何處白雲身。君吟松月能耽隱，我重柑橙願結鄰。談到交游多鬼錄，南皮爭不念前塵。(《答蘭雪》)

二十年前小鳳凰，曾從席上嘆冬郎。海南猶照藝天焰，河內今瞻治水航。知有門生來載酒，惜無老輩共登場。聞君兩鬢新沾雪，莫嘔心肝向錦囊。(《為巢松序詩竟附寄一律》)

或話舊，或遣興，或寬慰，或頌譽，或求物（乞虎丘寺枯桐斫琴），或感君恩，或抒懷，或憐才，或酬僧，或共勉，或勸慰，內容不一，風格各異，體式也有差異，五言、七言，古體、近體皆有，可謂不拘一格。

寫景述懷也是曾燠詩歌中常見的題材內容，多托物言情，自然蘊藉。如：

　　白沙江村有老梅，百年劫灰餘枯荄。春風一夜忽鼓動，
玉筍旁迸千枝開。天地有心試冰雪，龍蛇偶蟄驚霆雷。今人
爭繞月觀樹，往日誰踏僧廊苔。廿四橋邊萬花海，我無暇去
翻遠來。名姿往往寄幽獨，相賞故不從塵埃。疑是仙人萼綠
降，返魂自得真香催。惜無酒酹花前杯，參橫月落人空回。
（《真州准提庵老梅行》）

　　蓮社虛無人，留此一尊宿。巋然同五老，相望須眉綠。
想當侍遠師，長未三尺足。身是菩提樹，已非凡草木。仲堪
臨北澗，僧徹嘯南麓。師也摩其頂，千年繕性熟。無心弄神
通，變化駭流俗。老態益婆娑，支離復拳曲。氣作香爐雲，
聲如石梁瀑。六朝棟梁材，摧朽何太速！（《羅漢松》）

　　新煙曉颺江城暖，樓閣朦朧覺春滿。隋堤柳枝昨初翦，
插向門闌露猶泫。生憎柳態嬌於人，門裡門前眉對展。黃鸝
上下紫燕翻，往往誤觸蒼琅根。打球開宴笑語溫，黃金端合
為君門。纖腰舞倦春亦去，走馬風中已飛絮。（《清明插柳
詞》）

　　初訝流星亂，俄看制電明。層巒從此瘦，春草幾時生。
久畏邊烽警，何堪野燒驚。昆岡無玉石，揩眼一傷情。（《山
燒》）

以老梅、勁松、春柳、野火寄托心中的情愫，別有懷抱。百

年老梅，只剩枯荄，一夜春風卻讓它煥發生機，人們引以為奇觀而遠道爭相觀看，但往日誰也不會來觀賞，其幽獨之情又有何人能解？羅漢松不足三尺，但似乎沾染了佛性而變成了菩提樹，「老態益婆娑，支離復拳曲」，「變化駭流俗」，棟梁之材，只怕摧枯拉朽。春柳如煙，帶來了春暖，裝點了門庭，一旦春去，便化作飛絮隨風而逝，只留下暮春的傷感。一場野火，使層巒裸露，似乎變瘦了，春草要再生尚需時日。野火燒山的氣勢使人驚心動魄，彷彿讓人想起經常燃起的烽火，望而生畏。山岡被燒黑，其慘狀也讓人為之傷情。其詩清淡華妙而兼綜眾美，洪亮吉《北江詩話》稱曰「如鷹隼脫韝，精采溢目」。

總之，曾燠的詩歌風格多樣，不拘一格，對當時流行的肌理、性靈二派有所折中，故張維屏評曰：「賓翁詩不專一家，不名一格。其樸實遒健者，既屬稱心而言；其熔鑄精深者，亦復超心冶煉。性靈佐以書卷，故非空疏之性靈；才氣範以準繩，故非叫囂之才氣。」（《國朝詩人徵略二編》）其近體詩如五七言絕句，則風神淡逸，頗有唐音之致。

其詞，《全清詞鈔》錄一首《揚州慢·題汪對琴松溪漁唱卷》，詞曰：

鏡影澄空，波光蕩碧，春風過了還晴。恰溪邊小築，見山色松明。一自漁歌歇後，鳴榔極浦，冷月無聲。憶年來，黃海雲深，幾誤歸程。

邗江風雨，看寓公、載酒頻經。有白石新詞，碧山舊句，自炙銀笙。老去風懷未減，微吟倦、十里春城。記虹橋

佳話，待君重譜鷗盟。

　　這可能不是一首題畫詞，似為揚州雅集酬唱之作。詞中以姜
夔、王沂孫以及王漁洋雅集的典故，表達了對汪對琴（即汪棣）
落魄江湖的同情以及二人之間的友情，同時也曲折地表達了他們
生不逢時的感慨與歸隱（與白鷗盟）的願望。詞句有化用痕跡，
詞風也有近似姜夔之處[2]。

第三節 ▶ 吳嵩梁

　　吳嵩梁（1766-1834），字子山，號蘭雪，晚號澈翁，別號蓮
花博士、石溪老漁，東鄉人。少孤貧，有異才，少年時即以文名
於鄉，翁方綱譽之為「詩壇射雕手」。乾隆四十九年（1784），
應召赴金陵應試。嘉慶五年（1800）舉人，授國子監博士，旋改

2　　《江西古文精華叢書‧詩詞卷》以之為題畫詞，疑誤。詞中汪對
　　　琴，即汪棣（1720-1801），字靴懷，號對琴，一號碧溪，江蘇儀征
　　　人。工詞，著有《春華閣詞》二卷及《特雅堂集》，並傳於世。清陳
　　　廷焯《白雨齋詞話》卷四亦云：「同時朱春橋、吳荀叔、朱秋潭、江
　　　聖言、汪對琴諸君，皆以詞名東南。」未見汪氏為畫家或有畫作之
　　　說。此詞大概是曾燠為汪對琴詞卷所題，松溪漁唱，似為一景觀，
　　　亦為雅集吟詠之題。又曾氏曾於鹽運使署後闢「題襟館」，公余詩詞
　　　酬唱，刻《邗上題襟集》，一時比為「西昆酬唱」。且詞中有「有白
　　　石新詞，碧山舊句」「虹橋佳話」之語。虹橋即紅橋，在揚州市北門
　　　外瘦西湖畔，王漁洋、陳其年、陳允衡等於康熙五年（1662）曾在
　　　此雅集，漁陽首唱《浣溪沙》二首，群公和之，一時傳為佳話。曾
　　　氏以此比況。

內閣中書。道光十年（1830）擢貴州黔西知州，有惠政。因事得罪上司，轉為長寨廳（今長順縣）同知。後曾兩任鄉試同考官。道光十四年卒，年六十九。生平事蹟見《清史稿·文苑傳》《清代七百名人傳》等。

吳嵩梁工詩詞，善書畫，聲名遠播海外。朝鮮侍郎申維推之為「詩佛」[3]，吏曹判書金魯敬以梅花一龕供奉之，日本商人斥重金購其詩扇[4]。「弱冠入都，王昶、翁方綱、法式善盛相推崇。自是遍交海內名士，未有或先之者。袁枚自負其盛，亦心折其詩。江西自明以來稱詩者眾，而無卓然傑出號大家者。自蔣士銓後，二十餘年，嵩梁繼之。」[5]有《香蘇山館詩集》，《續修四庫全書》第一四八九至一四九〇冊集部影印華東師大圖書館藏清木犀軒刻本《香蘇山館詩集》三十六卷。吳嵩梁一生歷乾隆、嘉慶、道光三朝，身處官場，難免會寫一些應酬頌讚的詩篇，如：

　　長白山高江水黑，天遣神駒歸貝勒。諸將逡巡不敢騎，渾身血汗桃花色。頭角嶄然鱗甲動，始信天龍有真種。生立功名死報恩，畫中見汝猶神勇。吉林岡連薩爾滸，巨炮驚雷箭如雨。霜啼奮蹴陣雲飛，二十萬兵殲一鼓。辛苦身經百戰

---

3 徐國華：《清代「詩佛」吳嵩梁評述》，《中文自學指導》2005 年第 1 期，第 58 頁。

4 轉引自馬興榮、吳熊和、曹濟平主編《中國詞學大辭典》，浙江教育出版社，1996 年版，第 230 頁。

5 蔡冠洛：《清代七百名人傳·吳嵩梁傳》，中國書店 1984 年影印，第 1796 頁。

場，自跑泉水洗金瘡。路人今日尋靈跡，一掬春波映夕陽。（《禮烈親王克勒馬歌》其一）

烈王勳德史有傳，天馬今從畫中見。百戰歸來汗血流，論功馬亦當封侯。王師破陣如破竹，王來騎馬如騎龍。四蹄雷電雙耳風，但聞戰鼓先騰空。跨山蓦澗若平地，豈知身在重圍中。箭傷刀斫不能死，得意騰驤日千里。王歸天上馬人間，矯首蒼雲淚如水。功成身殉為酬恩，刻石昭陵未足論。遼海年年千騎出，王孫猶問舊龍孫。（《禮烈親王克勒馬歌》其二）

周藩宮裡端溪石，留與蘇齋試煙墨。四百年來璧水香，鐫題古篆看猶識。驪虞獻後歸大梁，不願移封就洛陽。師儒曾聘劉長史，詞賦雅重東書堂。鎮平博平皆好士，南陵西亭亦相繼。本草圖成為救荒，幽芳千種誰重繪。汴河橫決浪如山，迎取金容沒水還。一片仙雲依舊紫，卻隨玉碗出人間。元朝宮樹傷心碧，樂府當初歌不得。斜陽秋劃十三陵，今日蟾蜍淚重滴。未央殘瓦永平磚，都與人家作硯田。尋常故物知何陰，名字關心特可憐。（《周定王蘭雪硯翁覃溪師屬賦》）

崇安縣古傳紅梅，清獻手植花仍開。滁州老梅尤可敬，醉翁此地曾觴詠。唐梅種者知何人，俯視宋樹皆耳孫。黑龍潭深不可極，前九百載蟠其根。繁苞怒坼大於盞，豔雪一照無黃昏。沙壹浣絮荒江濱，古木曾現蒼龍身。梅乎天矯亦龍化，五朝呵護當有神。尚書昔秉中丞節，歲豐民和政無闕。懸知此樹即甘棠，爭看穿花飛彩蝶。學士奉使三年還，門牆

桃李長追攀。酒酣為公縱奇筆，萬里春風回指間。公謂此畫世希有，乞君長句君許否。要寫平生鐵石心，須憑拄地撐天手。野人性僻耽冷花，見此肝肺生枝椏。三千萬樹香九里，夢踏月明尋釣槎。（《顧南雅畫黑龍潭唐梅為望坡尚書作》）

前兩首詩是為努爾哈赤次子代善的坐騎克勒馬及此馬之畫作所寫，雖為應酬之作，但寫出了馬「神勇」的精神氣韻與「生立功名死報恩」的情深義重的人性之美。以馬襯人，人馬合一；人馬比照，一死一生，耐人尋味；畫中馬與現實中的馬，虛實相生。浩然之氣灌注其間，讀來有迴腸盪氣之震撼與魅力。與杜甫《丹青引贈曹將軍霸》比讀，便能發現吳詩的個性之處。後兩首亦均為應酬之作。前者是受老師翁方綱（號覃溪）囑托所作，專詠周定王之蘭雪硯，滄海桑田之感見於字裡行間；後者則為黑龍潭唐梅畫作所題詠，以梅喻人，人梅互襯，以「性僻耽冷花」「夢踏月明尋釣槎」寫高潔的隱逸情懷。這些詩歌都似乎寄托了詩人的抑鬱不平之氣，與那些表現「詩佛」之風的作品大異其趣。類似詩作還有：

天地蕭森草木黃，寒山畫堞半斜陽。燒餘鹿下新樵徑，雪後雕盤古戰場。何處笛聲悲向秀，昔年琴散絕嵇康。英雄豎子紛紛盡，廣武原頭漫激昂。（《山陽晚眺》）

梅銷戰跡已寒灰，翠壁千尋鑿險開。蛛網不蒙金鑑錄，馬嵬爭見玉環來。少牢遺祭恩徒重，秋燕緘詩事可哀。薦士誰知心更苦，荔枝晚出是奇才。（《過梅嶺謁張文獻公祠》）

治術平生薄漢唐，致君堯舜豈文章。早知紅鶴非吾侶，
善用青苗即社倉。憂國心惟天可鑑，名山身與世相忘。挾書
我愛俞清老，驢背從游幾夕陽。（《王荊公祠》）

吳嵩梁以經營世務為己任，有大濟蒼生、致君堯舜之志，三
首懷古詩都表現了他關注現實民生的士大夫情懷與責任感以及壯
志難酬的鬱勃之氣，風格沉鬱悲涼。「野鶴負標格，風塵苦憔
悴。豈無霄漢心，亦為稻粱累。靈鳳鳴朝陽，聲聞托深契。方同
蓬島游，浮雲欲中翳。孤心本難群，鎩羽慚再厲。翹首霜天高，
悠悠聽長唳。」（《書懷》其二）寫翹首高空中孤鶴，聽其長唳
之聲，則無奈與悲涼盡在其中。

吳嵩梁有佛教情結（晚號澂翁，別號蓮花博士就是明證），
在詩中談佛悟佛，故有「詩佛」之譽，此類詩作如下：

寺門亭午殊蕭森，龍氣所結雲為陰。不知泉脈出何處，
潭水一碧無古今。人間苦旱仰神意，山根滴雪成甘霖。文魚
五色豈靈種，我來拊檻觀浮沈。竹鞭穿地松插天，鱗甲隱現
疑可尋。溪風響答萬籟合，不雨亦作蒼龍吟。此山石奇樹尤
古，惜少瀑布飛遙岑。寺樓倚山山臥水，遂以眾影為幽深。
箏琵平日厭繁會，風泉一聽生道心。諸天原是空明相，下界
誰聞微妙音。（《龍泉庵聽泉》）

青蘭無冶容，托根況幽深。和風一以拂，揚芬出中林。
灼灼桃李顏，鬱鬱蓬艾陰。亭亭空谷花，耿耿持素心。芳菲
不自達，感氣誰相尋。採佩願及時，毋令霜露侵。（《書懷》

其一）

遙山開晚晴，空翠來未已。一鳥步斜陽，自飲寒江水。
（《題畫》）

三十六聲鐘，秋山一萬重。月明都化水，雲氣欲沉松。
群籟此時絕，獨游誰與從。仙人驂鶴去，手把玉芙蓉。（《夜
登仙鶴峰聞鐘》）

一犁新雨足，眾綠共澄鮮。野色低涵樹，溪流亂入田。
泥香鋤菜地，風定網魚天。更覓幽深處，科頭聽石泉。（《雨
後》）

迎門一笑落烏紗，喚酒俄看醉筆斜。風日人間宜午樹，
性情吾輩近秋花。天真爛漫書三昧，野色蕭疏畫一家。合就
枯禪參妙理，水雲空處是西涯。（《家玉松編修張船山檢討
過余小飲船山為余及石士畫叢蘭野菊甚有逸致輒題一詩兼寄
梧門》）

或摹寫佛寺周邊的景致，時露禪語，如「空明相」「微妙
音」；或托物言禪，如「空谷花」「持素心」借青蘭托出，而「空
翠」「自飲寒江」則以一鳥托出；或以登山聞鐘，參悟道心，「手
把玉芙蓉」；或深入幽僻，「科頭聽石泉」，寫其禪趣。這些詩都
或多或少、若隱若現地表現詩人對禪與道的感悟。最後一首較為
直接地說「三昧」「枯禪參妙理」，明顯參禪悟禪之語。而更明
確表達他禪悟的詩歌還有：

吾生有本性，如明月在水。即在污泥中，不改澄明理。

奈何自擾之，遂使無定光。甘為糞土濁，復肆波瀾狂。嗚呼此明月，何嘗損其舊。但令還靜觀，依然無點垢。豈惟點垢無？萬象涵其中。竹柏臥清影，樓台銜遠空。此月在吾心，一輪常皎潔。世事如雲煙，蔽之昏欲滅。吾於病訣後，了此生死緣。回心向初地，湛寂見諸天。乃以澂名翁，反觀殊自在。外物勿再侵，始終無呈礙。（《澂翁詩》）

　　一燈一如來，千佛千燈影。我有見佛緣，再宿天池頂。（《佛燈》）

　　蓮性通三昧，靈山此結胎。根無世法染，花為善心開。甘露清涼遍，香風智慧來。會須參覺分，彈指即樓台。（《菡萏禪林》）

「吾生有本性，如明月在水」「此月在吾心，一輪常皎潔」「回心向初地，湛寂見諸天」「一燈一如來，千佛千燈影」「蓮性通三昧，靈山此結胎。根無世法染，花為善心開」「會須參覺分，彈指即樓台」等明心見性之語，在以上詩歌中俯拾即是。

有論者曰：「（吳嵩梁）詩才與黃景仁埒……體沿六朝，而規格則似唐之溫李。其清婉處，又與長慶為近，而下匹吳偉業。」[6]說吳嵩梁的詩才與黃景仁（即黃仲則，乾嘉間詩名最盛，才近太白）等同，詩歌體制沿襲六朝，規範格局似唐代溫庭筠、

---

6 蔡冠洛：《清代七百名人傳·吳嵩梁傳》，中國書店 1984 年影印，第 1796 頁。

李商隱，清婉風格接近白居易、元積，往下又與吳偉業不相上下。可備一說。其詞，有《香蘇山館詞》一卷，《全清詞鈔》錄一首，即《菩薩蠻・題郭頻伽盟鷗圖》：

> 一江秋水銷魂碧，垂楊疏蓼都蕭瑟。新句得來遲，白鷗先已知。石溪西畔路，是我尋盟處。夢裡昨還家，扁舟搖落花。

此詞藉題畫之機表達了石溪老漁的思鄉、隱逸的情懷，既再現了盟鷗圖的意境之美，又寫出了詞人內心的情趣與願望。「夢裡昨還家，扁舟搖落花」二句，與周邦彥「小楫輕舟，夢入芙蓉浦」（《蘇幕遮》）在情思、意境及構思方面均有相似之處。以夢境作結，更表達了願望的強烈與執著。語言自然不雕琢，詞風清新淡雅。

參考資料

1. 錢仲聯：《清詩紀事》，江蘇古籍出版社，1987 版。

2. 南京大學中文系本書編纂研究室：《全清詞・順康卷》，中華書局，2002 年版。

3. 趙爾巽等：《清史稿》，中華書局，1976-1977 年版。

4. （雍正）《江西通志》，影印文淵閣《四庫全書》本，台灣商務印書館，1986 年版。

5. 張燕瑾、呂薇芬：《清代文學研究》，北京出版社，2003

年版。

　　6. 江西省文學藝術研究所：《江西歷代文學藝術家大全》，
江西人民出版社，1989 年版。

第三章

清後期江西詩詞

　　清代後期的江西詩人在創作上不約而同地選擇了「家國之痛」這個主旨，一方面是因為這是中國歷代愛國詩人創作的傳統主題，另一方面也是因為中國長期的封建社會開始發生重大的變化。由於帝國主義列強的侵略，中國封建社會逐步變成一個半封建半殖民地的社會，階級矛盾和民族矛盾日益尖銳化和表面化，愛國文人感時傷世，將社會的突變和國家的貧弱、屈辱及民眾的水深火熱納入文學創作，用藝術的方法展現對「家國之痛」的憂思。

　　儘管創作主旨相同，但在江西詩人的作品中這個主題又有不同程度的表現。黃爵滋目睹第一次鴉片戰爭給中國帶來的災難，對時局的憂慮的表達顯得比較直率，因而在他的詩歌創作中會展現出一種動輒「言關天下，以詩言志」的經世風氣和「凡有艱巨君其先」的有為朝士坐言起行的風采，故而在清代道咸詩壇的詩人群體中，黃爵滋與林則徐、陶澍等被稱為「經世派」。高心夔身處時代與黃爵滋大致相同，但是他在表達對時局國運民生的關照時，顯得言微意深。陳三立與文廷式都經歷過戊戌變法，陳三立還目睹了日寇的鐵蹄踐踏中國的河山，所以在他們二位的創作

中，「家國之痛」的主旨中還融入了更多的個人的精神痛苦。陳三立在戊戌變法失敗後選擇了「遺老」的身份，拒不參加當時政界的任何活動，成為所謂的「神州袖手人」；日軍占領北平後，陳三立終日憂憤，病重，拒不服藥，絕食五天後，於一九三七年九月十四日氣絕而逝。文廷式在變法失敗後，被革職驅逐出京，此後一直東奔西走，終因壯志難酬，在抑鬱苦悶中與世長辭。

　　在創作思想上，黃爵滋不滿意當時脫離現實的平庸詩風，表現出要求改革詩風的意向，主張詩歌要有真實的內容。高心夔是湖湘詩派的主要作者之一，雖然創作傾向上取法漢魏六朝，反對宋詩，以擬古、學古為主，但是他能把詩歌創作同時代進步聯繫起來，表現出突破因循守舊的傾向。在曾國藩的大力提倡下，推崇宋詩尤其是黃庭堅詩的「宋詩運動」成為清末詩壇創作的一股風氣。而陳三立就是尊崇宋詩的同光體中「江西派」的傑出代表，也是同光體成就最高的詩人。他的詩，初學韓愈，後師黃庭堅，好用僻典冷字、險韻拗句，風格枯澀瘦硬，自成「生澀奧衍」一派。文廷式被稱為清末的詞壇巨匠，中年以後的他在創作上主張步武蘇辛，多元並融，其詞學宗尚與以「清季四大家」為中堅的臨桂詞派卓然相異，自成一家。

第一節 ▶ 黃爵滋

　　黃爵滋（1793-1853），字德成，號一峰，又號樹齋，江西宜黃人。清代著名政治家、思想家、文學家，積極倡導禁煙的先驅者之一，與林則徐、鄧廷楨等均為禁煙名臣。

黃爵滋自幼敏而好學，仕途較為順暢。他四歲入私塾，七歲能賦，十歲通諸子之學。嘉慶十三年，入撫州府學，學業大進。十七年縣試名列榜首，次年取拔貢，任瀘溪（今資溪）縣學訓導。二十四年，參加江西鄉試中舉。道光三年中進士，入翰林院，選庶吉士，六年散館授編修，旋充國史館協修、武英殿纂修、總纂官。八年為江南鄉試副考官。十二年至十四年為福建、陝西、江西、山東等道監察御史，兵、工、戶部掌印給事中。十五年提為鴻臚寺卿、大理寺少卿、通政使。後升禮部、刑部右侍郎，官至刑部左侍郎兼左副都御史，署倉場侍郎。曾三主鄉試，兩次會試監考官，選拔不少知名人士。道光十九年後任大理寺少卿、通政使司通政使、禮部右侍郎、刑部右侍郎、左侍郎等職。道光二十二年、退休回籍。二十三年朝廷發現戶部銀庫虧空，黃爵滋因曾清查銀庫，以失察罪被革職，即返省主持豫章書院。二十四年以六部員外郎啟用，以病未就，仍主講書院。三十年至京閒居。咸豐三年卒於北京，終年六十一歲，後歸葬於宜黃二都鄉石鞏寺側。其生平事蹟可見《（道光）撫州府志》《（同治）宜黃縣志》《宜黃縣志》《清史稿·黃爵滋傳》《清史列傳》《清代七百名人傳》《續碑傳集》，孫衣言《遜學齋文鈔》、黃秩模《黃樹齋先生行述》、民國二十四年刊本《晚晴簃詩匯》和《鄉詩摭譚》續卷。另可參見今人周佳壽《黃爵滋》、胡迎建《黃爵滋著述敘略》、梁琦秋《黃爵滋反對殖民主義經濟侵略的思想》等。

　　黃爵滋一生著述頗豐，著有《黃少司寇奏疏》三十卷，《海防圖》二卷、附表一卷，《仙屏書屋文錄·初集·二集》二十六卷，《仙屏書屋詩錄·詩集·後錄·二集》三十四卷，《戊申楚

游草》一卷等，並刊行於世。黃氏著作版本繁多，今可見其不同刊本有：《黃少司寇奏疏二十卷》清鈔本十冊（北京）、《仙屏書屋詩錄十六卷後錄二卷》清道光二十九年（1849）刊本五冊（北京、江西）、《仙屏書屋初集·年紀三十一卷》清道光二十九年（1849）刊本四冊（江西）、《仙屏吟榭課草七卷》清道光四年（1824）刊本（台大）、《玉堂課草十二卷》清道光十二年（1832）仙屏書屋刊本四冊（江西）、《戊申楚游草一卷》清道光二十八年（1848）刊本一冊（江西）、《戊申粵游草一卷附錄一卷》（黃秩林編）清道光間刻本一冊（上海）、《燕門百菊詠一卷菊譜一卷》清光緒二十一年（1895）刊本一冊（江西）、《黃爵滋文稿》稿本一冊（江西）、《黃一峰自記年譜》清咸豐五年（1855）等。另有上海古籍出版社一九九五年版的影印本《仙屏書屋初集》，搜錄了詩錄十六卷和詩後錄二卷，可資參考。

　　提倡經世之學是貫穿黃爵滋一生的思想主旨。在政治上，密切關注現實，凡所建白，都切中時弊。在內治方面，主張澄清吏治，解決「官之無良」，興修水利，發展生產，減少「失業之民」；對外也富於敏感，主張整頓軍備，鞏固國防。在鴉片戰爭爆發前六年，即提出靖海洋、嚴防禁，言「海有防守，洋有禁條，二者實相表裡。夷性凶獷，洋人詭詐，柔而撫之，尤必剛而制之」（1834 年奏疏）。一八三八年乃有著名的禁煙疏，即《嚴塞漏卮以培國本疏》，主張嚴禁鴉片。黃爵滋以言官成為當時清流議政的中心，又以翰林、考官等較高文職地位，與徐寶善一起成為鴉片戰爭前夕在京文士圍繞的中心，如湯鵬、張際亮、潘德輿、葉名澧、孔宥函等都團結在其周圍，「以氣節相尚，賦詩酬

唱，一時京師壇坫，稱極盛焉」（吳昆田《孔宥函傳》）。鴉片戰爭時其所著《海防圖表》《海防圖說》，被譽為「一代偉人經世之學」，所以包世臣稱他為「解事救時之君子」（《仙屏書屋初集年紀》載包世臣手札）。

在學術思想上，黃爵滋究心漢學，又推崇宋學，認為古今之儒者、古今之學者「無異」。「漢儒去聖未遠，實事求是，時明則獻之於上，世紊則守之於下……無漢儒之訓詁則宋儒之性道無由而發，無宋儒之性道則漢儒之訓詁無由而歸。」[1]黃爵滋試圖以宋學為根柢而講求經世致用，希望講求宋儒的內聖修養，改變不良士習，轉移社會風氣。因此，在溝通和調和漢學與宋學方面，他主張以漢學為徑路，以宋學為依歸，使學術成為「有用之學」，反對「著書滿家，而曾無一字之有益於今」[2]。

正因如此，在清代道咸詩壇的詩人群體中，黃爵滋與林則徐、陶澍等被稱為「經世派」。這個派別主要不是論詩，而是著眼於當時士大夫中一種動輒「言關天下」的經世風氣和一批「凡有艱巨君其先」的有為朝士坐言起行的風采。「經世派」詩人的共同之處，因其感時憂世，言關天下，故以詩言志，往往能有「警絕」之語。相對於漢學家的「以學為詩」和桐城派文人的「以文為詩」，「經世派」的所謂「志士之詩」的特色，或許可以概括為「以議論為詩」，言經世之志。因此，黃爵滋要求文應

1 黃爵滋：《漢宋學術定論論》，《仙屏書屋初集文錄》卷二，第 1 頁。
2 《漢宋學術定論論》，《仙屏書屋初集文錄》卷二，第 1 頁。

「內而身心，外俾世道」（《仙屏書屋四書文自序》），即有益於立身與治世。主張詩「發至情於歌泣，陳大義於死生，中有自得之真，外無他求之巧」（《雲濤山房詩序》），即要有真實的內容。他不滿意當時脫離現實的平庸詩風，表現出要求改革詩風的意向。曾說：「僕自顧力弱，障挽無由，思得一二賢豪，共明此道。」（《與李海初箋》）又說：「使如廉峰（徐寶善）諸君提倡於上，亨甫（張際亮）、四農（潘德輿）諸子相與奮發而周旋之，則斯道復興之機也。」（《仙屏書屋初集詩錄自序》）且看其詩作《撫州行寄太守郭松崖前輩》：

> 羊城山宛宛，半插高空半。平遠羊城水湯湯，其源清激流汪洋。墨龍池上龍飛翔，星辰照耀垂文昌。名賢典則首陸晏，名宦風流首謝王。石入晴雨天無定，金窟銀峰地寶罄。水溯巴湘估客窮，山梯閩粵征夫病。黃山之山高高可種竹，黃水之水深深宜禾疇。乃有不耕之夫原上游，盜筍不足還盜牛。我生之初風尚古，歲時伏臘羅尊俎。昔日崇墉足谷家，今時飄泊無聊侶。臨川之南龍骨渡，乃是逋逃淵藪處。為狐為鼠遑恤他，為虎為狼當奈何。父兄教不先，子弟率不謹，不見阿芙蓉，家家鬼結磷。士貧孰義學，民貧孰義倉，貧人挑鹽富人食，官吏捉鹽鹽被攘。安得反澆俗，盡為農桑民。安得挽薄習，盡為弦誦人。我聞顏真卿，治陂灌田民利均。又聞秦起宗，儉約安靜民化淳。公其邁古昔，與民為更新。愛民之吏公其舉，賊民之吏公其甄。玉田氤氳靈谷芬，側身南望歌神君。

詩人蒿目時艱,用忠實的筆觸記錄了「不見阿芙蓉,家家鬼結磷」的民不聊生的慘狀。字裡行間時時處處流露出對鴉片的罪惡的斥責及煙氛日益而憂心忡忡的情緒。所以潘德輿說他「非有益於國之敷政、人之植行者,則不以命筆」(《仙屏書屋詩序》)。

　　上述這首詩不僅體現了黃爵滋詩文創作的思想主旨,也傳達出了黃氏詩作典雅淳厚、格調高昂的特點。在文學創作上,以詩文著稱的黃爵滋,詩作豐富,尤擅五古,如《贈別余芝衫》:

　　　秋風起庭樹,涼蟬聲愈繁。游子命車駕,催促返故山。故山何所事,蒔爾三年蘭。幽芳媚空谷,可佩亦可餐。持贈素心友,寶貴何可言。浮雲我與爾,離合無定端。此別見何日,常恐凋朱顏。碧筒儻可掇,勿廢盈觴歡。

　　詩中感情從低沉到真心期許再到無可奈何的灑脫,將朋友分離的贈別之情刻畫得極其細膩,非常具有感染力。此詩從語言到意境有種漢代樂府詩歌的古韻和風味,尤其是最後兩句的勸贈很像《行行重行行》(《古詩十九首》)中「棄捐勿復道,努力加餐飯」的意味。可見黃爵滋的五古詩深得漢代風味,這也與他推崇漢學一脈相承。

　　在黃爵滋擔任武英殿纂修、總纂官期間,常與友招客論文,飲酒賦詩,並同宣南詩社成員詩酒往還,在京漸有詩名,寫下不少反映現實生活之作,如《神木歌》:

　　　東府城空王氣摧,萬歲山前宮殿開。大木參天工失裁,

無用為用神驅來。置之東門象出震，觀者峨峨詫山峻。雷轟電裂百怪避，臥理坤維作雄鎮。中空外廓如枯槎，剝落蘚石嵌風沙。白晝茫茫蒼海立，老龍晱曤靈蛟挐。君不見有明中葉貂璫熾，西山土木誅鋤遍。又不見潢池兵燹肆毒痛，蜀山碧血明社墟。滄桑閱盡惟神木，回首蒼涼泣馬湖。

詩人在嚴峻堅勁的筆觸中，借神木抒發時艱，展現了詩人憂心國家的一腔深情，悲壯蒼涼之情躍然紙上，讀來令人動容。

近代徐世昌在其編纂的《晚晴簃詩匯》稱其「詩循杜、韓正軌，縱橫跌宕，才氣足以發其學」，並收錄其詩二十餘首。總而言之，黃爵滋一以貫之的「經世致用」的思想通過其作品，影響著一代一代胸懷家國之志的熱血國人。

第二節 ▶ 高心夔

高心夔（1835-1883），原名高夢漢，字伯陶、伯足，號碧湄，又號陶堂、東蠡。江西湖口縣城山鄉高大屋村人。咸豐元年，十六歲的高夢漢鄉試高中舉人，名傳一時。咸豐三年，游學於京，因工詩文、善書，又擅篆刻，其詩、文、字為士子們爭相傳誦。當時太平軍攻占湖口後，與湘軍水師對峙。高夢漢曾間道拜謁曾國藩，密獻鎮壓太平軍之策，為曾所器重，延入幕府，參贊軍事。咸豐八年，高夢漢得到曾國藩舉薦，入肅順府為幕僚，並聽從肅順指點，改「夢漢」為「心夔」。他在肅順身邊盡心辦事，又兼才能出眾，深為肅順倚重，聲名也日漸鵲起，朝野上下

稱高心夔、王闓運、龍汝霖、李壽蓉、黃錫燾五位名士為「肅門五君子」，高心夔位列其首。咸豐十年中了恩科進士後，高心夔被派往翰林院，當年以同知銜發往江蘇吳縣任知縣。肅順死後，高心夔仕運式微，長期鬱鬱沉悶。光緒九年，高心夔竟一病不起，壯年早逝，年僅四十八歲。他的摯友、時任江蘇按察使的李鴻裔嘆息：「嗟乎，伯足負干濟之才，士不得志，年未五十鬱鬱以歿。」並檢其文稿付梓，名曰《陶堂知微錄》四卷，內存詩三四四首。高氏著作還有《高陶堂遺集》八卷。高氏著作現今可見的有清光緒八年（1882）平湖朱氏經注經齋的刻本《高陶堂遺集四種》。

高心夔的生平可參見北京古籍出版社一九八二出版的《道咸以來朝野雜記》、清代由雲龍編撰的《定庵詩話續編》、中華書局二〇〇七年版的陳贛民《睗向齋秘錄》、廣文書局一九七八年出版的《湘綺樓說詩全一冊》及《清史稿》等。

高心夔為詩淡雅淳正，力學六朝，在五古中尤其突出，如：

> 弭節信陽渚，回望鵝湖岑。連延暮靄色，合沓重岩陰。蘙生綴賢緒，孤策憬幽尋。靜悅數峰秀，窈與環溪深。古鱗聚寒藻，新蕩引幺禽。坐久歘而作，石泉鏗壁琴。憂氣暫我平，情高綿道心。履縶付蘚甃，危標間天潯。翹聖無彷彿，駃見流光況。巨山杳白鹿，賫茲空谷音。（《望鵝湖山》）
>
> 譎龍息形生，夭矯縈水脈。一壑滂千曲，淺之萬餘尺。忽轔十道車，聲此怒淙赫。蕘童指岩背，曠有丹師宅。梁起繩度空，心墮風捯石。凝苔薦輕履，引藤眩飄幘。險過寒光

平，屋樹通皓白。截立坐無階，垂足當戶席。鮫綃攝潭底，綷縩曳天脊。仰頭逝仙群，鈴佩吟霧帟。朗悟源上源，駕槳夢今夕。（《匡廬山詩七首‧黃崖》）

曲碕縈淥波，荇絲綴雲素。娟娟雲際月，淺映湖上樹。城西戍火微，面水一螢度。峭風吹蘿帶，飛翻桂華露。香定四無聲，碧影潰煙去。欲尋徐孺亭，淒斷回橈處。（《東湖月傷亡友范七》）

這些詩寫得嚴整工穩，且學六朝之繁飾，但布局用典大都斟酌刻煉，華茂而不冗繁，是高心夔詩的特立之處。

高心夔平生喜好陶淵明詩，自謂：「弱而好詩，尤好淵明，溯焉而上，游焉而下，不恥其不似也。」（《陶堂知微錄‧述目》）他追步陶令，號為陶堂，但是他並不大量地寫摹仿陶淵明的詩，他的詩風和陶淵明也相差很多，陶淵明的詩風比較自然平和，而高心夔的詩並不是這樣，他只取法陶淵明的隱志於微言，因而他的著作才叫做「志微錄」，他後來自述是「深思遠憂，不可弭於胸，不可旌於口」，「志既多困，其言曰微」（《陶堂志微錄‧述目》）。當然高心夔也根本無法像陶淵明那樣去寫田園，因為他整個青年時代都在戰亂中度過，並且曾親歷戰爭，有不少詩作寫殘酷的戰爭，如長詩《鄱陽翁》通過鄱陽翁的遭遇，寫發生在江西境內的一場惡戰：「昨怒追風景德鎮，袒膊千人去不復，將軍無身有血食，馬後吾兒烏啄肉。」同時寫出了戰爭給人民帶來的巨大災難：「此時老翁仰吞聲，吞捲入喉眼血瞠。衣敝踵穿不自救，願客且念懷中嬰。」

高心夔在道咸詩壇的地位是不容小覷的，他是漢魏六朝詩派（亦稱湖湘詩派）的主要作者之一。當時此派詩名甚盛，代表人物有王闓運、鄧輔綸、陳銳、程頌萬、高心夔等人，他們一般都功力較深，共同的創作傾向是取法漢魏六朝、反對宋詩，以擬古、學古為主，不僅能摹六朝詩形貌，而且得其神理，故在詩界頗有影響。此派詩人大多以五言詩為主，很少寫七律和七古。而高心夔就不同，高心夔除五言外，七律亦工，這是他的特點，如：

晓漲浮空左蠡青，號風四蕩旅魂醒。中流石盡沉精衛，狂渚林隤斷脊令。盛憲憂傷年易感，韓娥漂泊曲難聽。面塵臆血誰瀚拭，心墮蒼茫況此亭。（《登吳城望湖亭》）

這首詩綿邈繁麗，用典深沉，將宦波的坎坷、世路的滄桑沉鬱於景物心情之中。此外，高心夔還兼得李商隱詩的用典隱晦而朦朧多義，如：

漢家新樂舞雲翹，酒醒丁沽萬里潮。尺二嫚書鳴狗齧，五千棲甲卷蟬貂。當關已哭歸元將，抗疏猶爭辨色朝。幾宿賢良門下直，落槐如雨送吟飆。

水斷盧龍八月冰，寒沉氎帳夜生棱。郊人聚柝田無燭，候吏迎鑾馬不騰。璧月瓊枝空邸第，銅牙鋁矢在園陵。六宮休惜蒙霜露，羈旅乾坤數中興。

何處郎官碧血封，金犀池上火雲彤。遙聞斬使非軍志，

豈憶修防有國容。北鄙秦師驕鄭賈，南征申伯痛周宗。懷柔
事事干寬政，恩澤千秋溢賜鐘。

　　蹕路蕪深四十年，翠華光動舊山川。鑄成精鐵籠車轂，
割與流蘇飾馬韉。迅鼓幪皮驅涿野，還羅豹尾侍甘泉。館齒
營雒非常計，七誓雄規日麗天。（《漢家四首》）

　　連雲列戟羽林郎，苑樹依然夕照蒼。一狩北園盛車馬，
再尋東閣杳冠裳。滫蘭苦汙生前佩，炷麝能升死後香。赫赫
爰書鑄惇史，天門折翼夢荒唐。

　　寵冠親賢料遽衰，致身胡取亟登危。將軍清靜歸醇酒，
公子聲華誤繡絲。坊樂入筵天慶節，殿材營第水衡司。十年
風誼虧忠告，江海堙流此淚垂。（《城西二首》）

　　這兩組詠英法聯軍入侵時咸豐帝逃到熱河，還有肅順被殺的
事情，但是風議隱約，不能明言，言微意深。與墨守古法的王闓
運提倡詩作的刻意「摹擬」不同，高心夔能把詩歌創作同時代進
步聯繫起來，表現出突破因循守舊的傾向，如《漢家四首》《城
西二首》《登吳山》《客子吟》九首《中興篇》等，無一不體現
出詩人關注時勢、憂心國家的情懷。

　　高心夔在詩歌創作中還主張自闢蹊徑，獨造一格，喜歡以奇
字偏僻的詞雕琢成章，所以用了很多很少見的字，這與他淵博的
學識並精研「小學」的成果是分不開的。王闓運《湘綺樓說詩》
評其詩風，曰：「高伯足詩少擬陸（機）謝（靈運），長句在王
（維）、杜（甫）之間。中乃思樹幟，自異湘吟。」高心夔博採
眾長，矜求新古，在近代詩壇中成為「鷹揚於楚蜀」的名家。

高心夔還是一個非常多才多藝的人，在篆刻和書法上頗有造詣。他的篆刻功底深厚，不落恆蹊，是能於浙、皖兩派外別開生面者，現仍存有其不少刻印作品。書法方面也很有造詣，其臨顏帖，可以亂真，現存江蘇宜興「東坡書院」的匾額，即為高心夔所書。

第三節 ▶ 文廷式

　　文廷式（1856-1904），字道希（亦作道羲、道溪），號雲閣（亦作芸閣），別號純常子、羅霄山人、薌德，江西萍鄉人。他是我國近代著名愛國詩人、詞家和學者，也是晚清政治鬥爭中的重要人物之一。

　　咸豐六年（1856），文廷式出生於廣東潮州，後隨父僑居廣州。他從小博覽群書，七歲時從塾師李禹九就學，常於正課之外自學《文選》。十歲作律詩，初露詩人才華。十七歲為番禺學者陳澧入室弟子，開始學習作詞，其間因研讀錢大昕《潛研堂集》而得史學門徑，且常往粵秀書院聽課，閱讀《海國圖志》《普法戰紀》等書籍，漸知五大洲大勢與西歐各國富強之狀。光緒十六年他高中一甲第二名進士，授翰林院編修。光緒二十年大考，光緒帝親拔其為一等第一名，升翰林院侍讀學士，兼日講起居注。文廷式志在救世，性情耿直，不畏權勢，遇事敢言，與黃紹箕、盛昱等名列「清流」，與汪鳴鑾、張謇等被稱為「翁（同龢）門六子」，是帝黨重要人物。在中日甲午戰爭中，他力主抗擊，上疏請罷慈禧生日「慶典」、召恭親王參大政；奏劾李鴻章「昏庸

驕蹇、喪心誤國」；諫阻和議，以為「辱國病民，莫此為甚」。他還曾積極致力於維新變法運動，與福山王懿榮、南通張謇、常熟曾之撰並稱為「四大公車」。光緒二十一年秋，與陳熾等出面贊助康有為，在北京倡立強學會。這一時期，文廷式益潛心時務，其《琴風餘譚》《聞塵偶記》記甲午、乙未間時事、人物，能言人所不能言、不敢言。次年二月，遭李鴻章姻親御史楊崇伊參劾，被革職驅逐出京。革職歸里後，撰有《羅霄山人醉語》，痛感「中國積弊極深」「命在旦夕」，提出「變則存，不變則亡」，鼓吹「君民共主」，傾向變法，但又以為不可急切從事。戊戌政變後，清廷密電訪拿，遂出走日本。光緒二十六年夏回國，與容閎、嚴復、章太炎等滬上名流參加唐才常在張園召開的「國會」。唐才常的自立軍起義失敗後，清廷復下令「嚴拿」。此後數年，文廷式往來萍鄉與上海、南京、長沙之間，沉傷憔悴，寄情文酒，以佛學自遣，同時從事著述。這時期所著雜記《純常子枝語》四十卷，是其平生精力所萃。光緒三十年，文廷式終因壯志難酬，抑鬱苦悶，在萍鄉城花廟前的家中與世長辭，年僅四十九歲。他去世後，被安葬在楊岐山普通寺後的半山腰。現在那裡還有他的墓地，不少游人向他拜祭，敬仰他始終不渝的愛國熱忱和不畏權勢、敢於鬥爭的浩然正氣。

　　文廷式生平事蹟可見於《萍鄉縣志》（同治版）、《近三百年名家詞選》（龍榆生，上海古籍出版社1979年版）、《昭萍志略·人物傳》（中華書局1982年版）和《清名家詞·雲起軒詞》（陳乃乾編，上海書店1982年版）、《文廷式傳略》（汪叔子著，江西社會科學1985年5月）、《文廷式年表稿》（中華書局1993年

版）、《清代鼎甲錄‧文廷式事略》（朱沛蓮，台灣文海出版社影印本）、趙鐵寒編《文芸閣先生全集‧雜著‧羅霄山人醉語》和《文芸閣先生全集‧純常子枝語》（台北文海出版社有限公司）、汪叔子編《文廷式集》（中華書局1993年版）、《清代人物傳稿‧文廷式》（苑書義、潘振平，遼寧人民出版社1998年版）、《晚清悲風：文廷式傳》（肖麥青著，江西人民出版社2008年版）等。

文廷式學識淵博，撰述宏富，今可見其傳世著作有《雲起軒詞鈔》（徐乃昌刊本清光緒三十三年）、《文道希先生遺詩》（影印本上海古籍出版社1995年）、《純常子枝語》（江蘇人民出版社影印民國三十二年刻本）和《雲起軒詩鈔》《補晉書藝文志》《聞塵偶記》《羅霄山人醉語》等。

文廷式在晚清詞壇異軍特起，獨樹一幟，被稱為清末的詞壇巨匠和著名詩人，這與其卓特的詞風是分不開的。這主要體現在兩個方面：一為雄郁，遠繼蘇辛豪健的詞風，近接陳維崧，成為清代豪放詞的大師；一為柔靡，深得晚唐五代花間詞人的神韻。胡先驌這樣評價其詞風：「《雲起軒詞》，意氣飆發，筆力橫恣，誠可上擬蘇、辛，俯視龍洲。其令詞穠麗婉約，則又直入《花間》之室。蓋其風骨遒上，並世罕睹，故不從時賢之後，局促於南宋諸家範圍之內，誠如所謂美矣善矣。」（《學衡雜誌》第27期《評雲起軒詞鈔》）其詞如：

> 別擬西洲曲，有佳人、高樓窈窕，靚妝幽獨。樓上春雲千萬疊，樓底春波如縠。梳洗罷、卷簾游目。采采芙蓉愁日

暮，又天涯、芳草江南綠。看對對，文鴛浴。侍兒料理裙腰幅，道帶圍、近日寬盡，眉峰長蹙。欲解明璫聊寄遠，將解又還重束。須不羨、陳嬌金屋。一霎長門辭翠輦，怨君王已失苕華玉。為此意，更躑躅。（《賀新涼》）

剪鮫綃，傳燕語，黯黯碧雲暮。愁望春歸，春到更無緒。園林紅紫千千，放教狼藉，休但怨、連番風雨。謝橋路，十載重約鈿車，驚心舊游誤。玉佩塵生，此恨奈何許！倚樓極目天涯，天涯盡處，算只有、濛濛飛絮（《祝英台近》）

然而中年以後的文廷式因政治上連遭打擊，心境變化劇烈，在創作上也日漸顯現出剛毅、豪放的一面。此時的他論詞力斥柔靡，濟以豪宕；在創作上，主張步武蘇辛，多元並融，其詞學宗尚與以「清季四大家」為中堅的臨桂詞派卓然相異，自成一家。夏敬觀曾在手批《東坡詞》中對文廷式詞風有過這樣的肯定：「近人惟文道希學士，差能學蘇。」如：

石馬沉煙，銀鳧蔽海，擊殘哀筑誰和？旗亭沽酒處，看大舶、風檣軼峨。元龍高臥。便冷眼丹霄，難忘青瑣。真無那！冷灰寒柝，笑談江左。一笴，能下聊城，算不如呵手，試拈梅朵。苕鳩棲未穩，更休說、山居清課。沉吟今我。只拂劍星寒，欹瓶花妥。清輝墮，望窮煙浦，數星漁火。（《翠樓吟・歲暮江湖百憂如搗感時撫己寫之以聲》）

讀其詞，想其襟抱，此首磊落間感慨宏深，下筆騰挪輾轉。東坡之豪縱蹈宕，英風獨特；稼軒之拔絕踔厲，潛氣沉鬱，於詞間起伏縱橫，讀來彷彿倚劍長嘯，一體同悲今古。葉恭綽評之曰「氣象穎異」，朱彊村亦謂之「兀傲固難雙」，誠可為文氏壓卷之作。

　　文氏晚年自言「三十年來，涉獵百家」，「志之所在，不尚苟同」。他批評浙派「以玉田（張炎）為宗」，「意旨枯寂，後人繼之」，「以二窗（吳文英號夢窗、周密號草窗）為祖祢，視辛（棄疾）劉（過）若仇讎」，尤為「巨謬」（《雲起軒詞鈔序》）。他曾謂「百年詞派屬常州」（《繆小山前輩張季直修撰鄭蘇龕同年招飲吳園別後卻寄》詩其三）。他強調比興寄托，推尊詞體，與常州詞派相近，但又不為所囿，曾批評常州派推崇的詞人周邦彥「柔靡特甚，雖極工致，而風人之旨尚微」（《純常子枝語》卷十一）。文氏其硬語豪邁之作，為當時獨一無二筆力，如《八聲甘州·送志伯愚侍郎赴烏裡雅蘇台參贊大臣之任，同盛伯羲祭酒、王幼霞御史、沈子培刑部作》：

　　　　響驚飆、越甲動邊聲，烽火徹甘泉。有六韜奇策，七擒將略，欲畫凌煙。一枕葺騰短夢，夢醒卻欣然。萬里安西道，坐嘯清邊。策馬凍雲陰裡，譜胡笳一闋，淒斷哀弦。看居庸關外，依舊草連天。更回首、淡煙喬木，問神州、今日是何年？還堪慰，男兒四十，不算華顛。

　　此詞兼得稼軒、於湖，而潛氣沉婉，豪放中挹悲結鬱，王瀣

評之曰：「後遍豪宕而神色愈淒。」

　　文廷式詞存一百五十餘首，大部分是中年以後的作品，感時憂世，沉痛悲哀，剛毅冷峻。其《高陽台‧靈鵲填河》《風流子‧倦書拋短枕》等，於慨嘆國勢衰頹中，還流露出對慈禧專權的不滿，對當道大臣誤國的憤慨。其他如《木蘭花‧聽秦淮落葉》抒寫男兒請纓、揮劍龍庭的壯懷，《翠樓吟‧聞德占膠州灣而作》以三國時的陳登自比，寄托其報國救世之志，都激蕩著愛國的豪情。晚期詞作，飄零之感與憂時之情交織，出塵避世的情緒日趨明顯。《清平樂‧春人婀娜》，更曲折地表明了他不想參加反清革命的態度。文廷式的一些豔詞，風格接近花間詞風；其撫時感事、言志抒懷之作，則以蘇軾、辛棄疾為宗，或慷慨激越、抑鬱幽憤，或神思飄逸、清遠曠朗，大都借景言情，托物詠志，兼有豪放俊邁、婉約深微的特點。《祝英台近‧翦鮫綃》《摸魚兒‧恁啼鵑苦催春去》《永遇樂‧落日幽州》《鷓鴣天‧萬感中年不自由》《鷓鴣天‧壁滿花穠世已更》《水龍吟‧落花飛絮茫茫》諸作，都被譽為神似東坡、逼肖稼軒之作。在近代詞壇上，文廷式詞自成一家，朱孝臧稱其「拔戟異軍成特起」（《彊村語業》卷三）。

　　文廷式自幼遍讀群書，受到傳統文化教育的熏陶，但他又不囿於傳統，在思想、學術、詩詞創作上都具有較闊廣的視野。文氏在經學、史學、子學、文學、語言文字學乃至三教九流，無不涉獵探究，令人嘆服。不僅如此，文廷式與同時代的先進中國人一樣，努力了解世界，學習西方，在如何看待傳統的夷夏觀念、學習西洋文化科學，如何處理君權和民權的矛盾方面，文廷式皆

有超越前輩的卓特見識。正因為如此，他曾被沈曾植譽為「有清元儒，東洲先覺者」（《文君雲閣墓表》）。

第四節 ▶ 陳三立

陳三立（1853-1937），字伯嚴，號散原，義寧州（今江西修水縣）人。晚清維新派名臣陳寶箴長子，國學大師、歷史學家陳寅恪與畫家陳衡恪之父。他曾與譚嗣同、丁惠康、吳保初並稱「維新四公子」，也是近代同光體詩派贛派重要代表人物，被譽為中國最後一位傳統詩人。

陳三立年少博學，才識通敏，性格灑脫而不受世俗禮法約束。光緒八年（1882）參加鄉試，因深惡「八股文」，應試時，以自己平素擅長的散文體答卷，初選遭棄，後被主考官陳寶琛發現，方選為舉人。光緒十二年赴京會試中進士，授吏部主事官職。在此期間，常與有進步思想的士大夫交游，談學論世，希望「維新」「變法」，還參加了文廷式等組織的「強學會」。甲午戰爭後，李鴻章赴日簽定《馬關條約》。陳三立聞訊，激憤異常，曾致電張之洞，「籲請誅合肥（李鴻章，安徽合肥人），以謝天下」。光緒二十一年，其父陳寶箴任湖南巡撫，陳三立棄官往侍父側，襄與擘劃，推行新政。陳氏父子希望「營一隅為天下倡，立富強之根基」。但是，事與願違，戊戌政變，以「招引奸邪」之罪，父子一同被清廷革職。後隨父返回江西，居住在南昌西山「崝廬」。光緒二十六年，陳三立移居南京，不久，其父陳寶箴逝世。正值八國聯軍瘋狂鎮壓義和團運動之時，家國之痛，陳三

立更無心於仕途，乃於金陵青溪橋畔構屋十楹，號「散原精舍」，與友人以詩文相遣，在詩中尋找年輕時理想、抒寫心中的悲憤，從此以後，詩歌成為陳三立的精神家園。光緒二十九年，他開辦一所家學，又贊助柳詒徵創辦思益小學，讓出住宅作課堂，延聘外國教師，開設英語及數、理、化學新興課目，創新式學校之先例。光緒三十一年初，與李有棻等人辦鐵路公司，籌建江西第一條鐵路南潯線。光緒三十四年，又與湯壽潛共同發起組織中國商辦鐵路公司。由於人事關係的阻礙等原因，都沒有達到預想的目標。一九一一年辛亥革命結束了清王朝的統治，陳三立卻選擇了「遺老」的身份，但他並不以「遺老」自居。從一九一一年至於一九一五年夏，陳三立在寓居上海期間，曾與沈曾植、梁鼎芬等遺老文人以詩文相會，卻拒不參加清朝遺老的復辟活動。他對民國初年以袁世凱為代表的竊踞政權的投機政客以及後來混戰不休的各派軍閥，均極為不滿，拒不參加當時政界的任何活動，自謂「憑欄一片風雲氣，來作神州袖手人」。一九三七年，盧溝橋事變，北平淪陷。這時，居住在北平的陳三立已經八十五歲了，他表示：「我決不逃難！」日軍占領北平後，陳三立終日憂憤，病重，拒不服藥，絕食五天後，於一九三七年九月十四日氣絕而逝。為紀念陳三立，一九四五年江西省政府一七一三次省務會議決定：將設在修水境內的贛西北臨時中學改為省立散原中學，一九四八年遷葬杭州牌坊山。陳三立在《清史稿》中無傳，但陳三立與他的父親陳寶箴以及他的兩個兒子陳寅恪、陳衡恪皆入《辭海》，可謂史無前例。

　　陳三立在中國文學史上也曾受到過不公平的對待。一九一七

年一月，胡適在其新文學宣言──《文學改良芻議》一文中把陳三立作為舊文學的代表加以批判。此後，由於新文學的蓬勃發展和擠壓，舊文學的發展空間極為窄小，而陳三立也漸漸被人們遺忘了。直到新中國成立後很長一段時間，國內出版的中國文學史基本上沒有給陳三立以應有的文學地位。實際上，陳三立是清末民初中國舊文學的傑出代表人物，在那個時代享有極高的地位。據鄭逸梅《藝林散記》記載，一九三六年，英國倫敦舉行國際筆會，邀請中國代表參加。當時派了兩位代表：一是胡適之，代表新文學；一是陳三立，代表舊文學。但當時陳三立已經八十四歲高齡，最終沒有成行。

今人欣慰的是，現在，陳三立的價值被文學史重新評價，他的許多傑出作品又開始回到人們的文學欣賞、批評的視野。

今人研究陳三立，可參考胡迎建《一代宗師陳三立》（江西高校出版社，2005 年）、胡迎建《民國舊體詩史稿》（江西人民出版社，2005 年）、張求會《陳寅恪的家族史》（廣東教育出版社，2000 年）、葉紹榮《陳寅恪家世》（花城出版社，2000 年）、劉經富《義寧陳氏與廬山》（中國文史出版社，2004 年）、蔣天樞《陳寅恪先生編年事輯》（弘文館出版社，1985 年）。另可參見王慰慈《陳三立（一八五三至一九三七）》（《中外雜誌》1997 年 6 月）、劉納《陳三立：最後的古典詩人》（《文學遺產》1999 年第 6 期）、楊劍鋒《陳三立年譜簡編》（《中國韻文學刊》第 21 卷第 1 期，2007 年 3 月）等。

陳三立著有《散原精舍詩集》上、下卷，《續集》上、中、下三卷，《別集》一卷，《散原精舍文集》十七卷，現已重新整

理出版的有：《散原精舍詩文集》（李開軍校點，上海古籍出版社，2003 年）、《散原精舍詩集》（台北中華書局，1961 年）、《散原精舍文集》（台北中華書局，1966 年）、《散原精舍詩文集補編》（潘益民、李開軍輯注，江西人民出版社，2007 年）。

　　陳三立在詩歌、古文、書法上皆有造詣，且成就卓著。陳三立的詩，初學韓愈，後師黃庭堅，好用僻典冷字、險韻拗句，風格枯澀瘦硬，自成「生澀奧衍」一派，是同光體中「江西派」的傑出代表，也是同光體成就最高的詩人，甚至被看做中國最後一位古典詩人，汪辟疆在《光宣詩壇點將錄》中推其為「及時雨宋江」。梁啟超也非常推崇陳三立，在《飲冰室詩話》中評價道：「其詩不用新異之語，而境界自與時流異，醇深俊微，吾謂於唐宋人集中，罕見其比。」同時代的陳衍也對陳三立的詩歌給予了極高的評價，認為「五十年來，惟吾友陳散原稱雄海內」（《石遺室詩話續編》）。楊聲昭云：「光宣詩壇，首稱陳、鄭（孝胥號海藏）。海藏向稱簡淡勁峭，自是高手。若論奧博精深，偉大結實，要以散原為最也。」（《讀散原詩漫記》）胡先驌評他的詩說：「如長江下游，煙波浩渺，一望無際，非管窺蠡酌所能測其涯涘者矣。」

　　陳三立雖然自謂「神州袖手人」，但是蒿目時艱，對外敵入侵的憤怒、對朝廷的失望和對百姓的同情，常常流露在他的詩歌作品中，因此，「國家之痛」就成為陳三立詩歌的主題，可以說，他的詩如實地記載了中國一段屈辱的歷史。在反映八國聯軍入侵帶來的災難方面，陳三立有一首代表作《十月十四日夜飲秦淮酒樓聞陳梅生侍御袁叔輿戶部述出都遇亂事感賦》：

狼嘷豕突哭千門，濺血車茵處處村。敢幸生還攜客共，不辭爛漫聽歌喧。九州人物燈前淚，一舸風波劫外魂。霜月闌干照頭白，天涯為念舊恩存。

詩中展現出外國侵略者的殘暴給中國人民帶來的地獄般深重的災難，讀後令人痛心扼腕。《辛丑條約》簽訂後，陳三立痛心疾首、夜不能寐，寫下了名作《曉抵九江作》：

藏舟夜半負之去，搖兀江湖便可憐。合眼風濤移枕上，撫膺家國逼燈前。鼾聲鄰榻添雷吼，曙色孤篷漏日妍。咫尺琵琶亭畔客，起看啼雁萬峰顛。

詩人以自身形單影只飄搖江湖的孤寂與國恨家仇融合在一起，集中凝練地表現了作者的悲憤之情和深沉的愛國情懷，給人以深刻的印象。其他如《書感》《孟樂大令出示紀憤舊句和答二首》《人日》《得鄒沅帆武昌書感賦》《次韻答義門題近稿》《次韻再答義門》《次韻和義門感近聞》《江行雜感五首》之三之四，是對庚子國難憂憤心情的抒發；再如《園館夜集聞俄羅斯日本戰事甚亟感賦用前韻》《小除夕後二日聞俄日海戰已成作》《短歌寄楊叔玖時楊為江西巡撫令入紅十字會觀日俄戰局》，是陳三立對日俄在我國進行戰爭的憤怒控訴；如《留別墅遣懷》是反映北洋軍閥攻入南京而人民遭殃的現實；又如《除夕被酒奮筆寫所感》揭露清王朝《限權主憲》的欺騙性，《哭孟樂大令》《次韻答季祠見贈二首》等表現了詩人面對紛亂時局的憂憤心情。

「家國之痛」在中國歷代愛國詩人的創作中都有不同程度的表現，它並不能真正體現出陳三立詩歌的卓特之處。其實陳三立詩中最引人注目的，是一種個人被外部環境所包圍和壓迫而無從逃遁的感覺。在上文列舉的那些抒寫憂國之情的詩歌中自不必說，在有些純粹描寫自然景物的詩中，這種感覺也同樣強烈，如《十一月十四夜發南昌月江舟行》：

露氣如微蟲，波勢如臥牛。明月如繭素，裹我江上舟。

露氣、水波、月光這都是一些輕柔的意象，一般在詩歌中能營造出如夢幻般的柔軟、溫馨、縹緲的意境。但是在陳三立的筆下，露氣、水波有了重量感，氣勢逼人；而月光也有了力量，要把詩人捆縛起來，壓迫和無所逃遁的感覺躍然紙上。再如《園居看微雪》：

初歲仍微雪，園亭意颯然。高枝噤鵲語，欹石活蝸涎。凍壓千街靜，愁明萬象前。飄窗接梅蕊，零亂不成妍。

微雪園亭，向來是詩家所愛的優美景象，在這裡卻呈現為令人窒息的世界。此外，還有像「江聲推不去，攜客滿山堂」（《靄園夜集》），「掛眼青冥移雁驚，撑腸秘怪鬥蛟螭」（《九江江樓別益齋》）等，也都將意象賦予了強勢和重量，咄咄逼人的壓迫感擠壓、撼動著詩人自己和每位讀者的神經。這種無可逃遁的強大壓迫力因為滿目瘡痍的現實而顯得非常有實感，有分量，它能

將詩人無法言喻的痛苦具象地表達出來，同時也能將個人與社會愈加緊密的關聯渲染出來，使得個人的精神痛苦與國家、社會緊密相連，顯示出詩人心懷家國的情懷，這也恰恰是陳三立與舊式隱士的不同。陳三立被稱為中國最後的古典詩人大概就是從這個意義上說的。

參考資料

1. 錢仲聯：《清詩紀事》，江蘇古籍出版社，1987 版。

2. 南京大學中文系本書編纂研究室：《全清詞‧順康卷》，中華書局，2002 年版。

3. 趙爾巽等：《清史稿》，中華書局，1976-1977 年版。

4. 《江西通志》，影印文淵閣《四庫全書》本，台灣商務印書館，1986 年版。

5. 張燕瑾、呂薇芬：《清代文學研究》，北京出版社，2003 年版。

6. 江西省文學藝術研究所：《江西歷代文學藝術家大全》，江西人民出版社，1989 年版。

第四章

清代江西女性詩詞

　　本章專門介紹清代江西女性詩詞。清代出現了一個女子文學創作的高潮。據胡文楷《歷代婦女著作考》統計，中國現代以前的女作家約四千人，僅清代就有三千多人，占中國古代女作家的百分之七十以上，其中多數是詩詞作家，並有詩詞集傳世。江西歷來是文學繁榮之地，清代的文化教育氛圍依然十分濃厚。江西閨閣詩詞作者的數量、擁有的著作雖不如浙江、蘇州，但在清代詩壇上也占有一席之地，為清代文壇增添了一道別樣的風景線。

第一節 ▶ 清代江西女性詩詞概況

　　清代雖然是女性文學大發展的時候，但卻集中於江浙一帶，江浙地區的才女不僅數量最多，並且發展全面，涉及詩詞、文史、學術等方面，尤其女性詩詞的數量與水平為全國之冠。江浙而外，江西女性文學的發展，在全國範圍內歷來居前。據黃秩模

《國朝閨秀詩柳絮集》統計[1]，清代全國女詩人分布排在前面的依次為江蘇、浙江、湖南、福建、江西、廣東和安徽七省，江西排第四位。蔡殿齊《國朝閨閣詩鈔》計十冊[2]，收清代女詩人一百家集，其中江西二十家，占五分之一之數，殊為可觀。

胡文楷《歷代婦女著作考》收錄有著作傳世或見於文獻著錄的江西女性作家有九十多位，石吉梅等[3]《清朝江西婦女著作補考——胡文楷〈歷代婦女著作考〉拾遺》又補充了五十餘人。據周駿富輯施叔儀編《清代閨閣詩人徵略》[4]及《補遺》所載，清代江西女詩人有二十一人，在單士釐《清閨秀藝文略》中[5]，收錄有閨秀詩人二千三百餘名，其中收有江西閨秀五十二人共五十五本別集。從徐乃昌所輯《小檀欒室匯刻百家閨秀詞》一百家，也可看閨秀詞的分布狀況：

省份	江蘇	浙江	江西	湖南	福建	廣東	安徽	四川
人數	57	29	4	3	2	2	2	1
名次	1	2	3	4	5	5	5	6

1 　付瓊、曾獻飛：《論清代女詩人的地理分布》，《海南大學學報人文社科版》，2008 年第 1 期。

2 　蔡殿齊：《國朝閨閣詩鈔》全 10 冊，1844 年刊。

3 　石吉梅、張小平、黎德亮：《清朝江西婦女著作補考——胡文楷〈歷代婦女著作考〉拾遺》，《現代語文》，2006 年第 10 期。

4 　施叔儀：《清代閨閣詩人徵略》，上海書店出版社，1987 年版。

5 　單士釐：《清閨秀藝文略》，《浙江省立圖書館學報》，第一、二卷，1928 年。

此表大體代表了明清特別是清代女詞人在空間上的分布情況，由此可知，清代女詞人分布集中於江浙兩省，江西位居第三，相對於其他省份而言，居於前列[6]。而筆者根據《歷代婦女著作考》《清代閨閣詩人徵略》《江西歷代文學藝術家大全》《歷代女子文學作品選》《豫章才女詩詞評注》等統計，清代江西閨閣詩人作者有 156 人，按地域分布如下：

（1）九江 22 人：丁幼嫻，李家璐，范淑，范漣，范潤，許權，陳安茲，楊惺惺，萬夢丹，劉韻芬，蔡紫瓊，蔡澤苕，戴氏，譚紫瓔，胡佩芳，衛紋，冒俊，許玫，黃淑真，許建真，胡若，胡磊。

（2）贛州 10 人：孔氏，周琛，陳德卿，魯敬莊，彭貞，謝季孫，陳慧珠，蕭柔貞，賴德，李雲裳。

（3）上饒 21 人：王樸人，吳嶰竹，李葆素，蔣婉貞，俞富儀，張雲芳，張婉仙，張佩蘭，鐘令嘉，張氏，楊舫，王靭佩，王玉芬，沈同珠，高壽宜，黃蔚雲，黃御袍，丁香纓，李兌順，鄭婧玉，鄧彩鸞。

（4）撫州 36 人：史印玉，甘啟華，金璞，黃廉珠，朱淑鳳，吳若冰，胡芳蘭，吳芸華，蔣微，李芹月，李繡英，游瑜，張襄，劉韻，許嗣微，黃秩衡，黃褥香，黃韻蘭，謝佩珊，謝漱

6　羅春蘭、鄒豔、潘永幼：《豫章才女蔚為霞──江西閨秀詞人創作述略》，《南昌大學學報》，2007 年第 6 期。

馨，黎大宜，文星，鄧氏，李繁月，劉玖，李君翹，劉高蘭，吳氏，嚴氏，沈鳳，劉鳳霄，黃秩卿，吳冰仙，吳琴仙，陶淑，吳蘭卿。

（5）宜春 13 人：甘立婑，宋鳴瓊，汪蘆英，帥翰階，閔肅英，辛素霞，周琳，楊韻蘭，蕭恆貞，岳淑貞，蘇作梅，帥翰坤，李喬松。

（6）萍鄉 6 人：石緩，李煊，李萃，俞鏡秋，李纏蘅，張慧宜。

（7）南昌 15 人：朱中楣，莫兆椿，曹慎儀，程福蘭，裘紉蘭，熊毓慧，萬氏，左維順，徐暗香，萬鈿，朱淑真，丁善儀，朱氏，施靜儀，李氏。

（8）吉安 14 人：杜漪蘭，喻撚，彭德貞，賀桂，龍貞女，劉淑英，周氏，孫祁，朱氏，康瑤玉，丘瑟如，王慶英，唐淑英，易圭英。

（9）新余 3 人：嚴氏，楊正則，楊氏。

（10）樂平 1 人：彭若梅。

（11）其他 14 人：王淑，何慧生，吳氏，孫佑純，張秀端，曹嗣昭，許湧珠，潘佩芳，賴懶雲，江右難婦，沈珂，朱景素，於文娥。

第二節 ▶ 劉淑英、朱中楣

一、劉淑英

劉淑英，名淑，一字靜婉，別號個山、木屏，安福縣人。明末清初反清愛國女詩人，揚州太守侗初公劉鐸之女。劉淑英曾組織了一支上千人的義軍抵抗清兵，但終因時運不濟，被迫罷兵還鄉[7]。她博通經史，兼學兵法與劍術，尤其擅長詩文，有《個山集》七卷[8]，前六卷皆為詩詞，詩九一五首，詞三十六首。她心懷報國之志，頗有英雄氣概，如《報國》：

報國昔具鐵石腸，今將頹波付汪洋。戲彩亭懸真傀儡，有力難縛中山狼。祖靈寒食悲荒草，杜鵑春風哭夕陽。被褐王孫甘抱樸，懷簫壯士慘吹腔。太子有恩終未報，荊卿無功身亦亡。慳鬼迷人能速禍，巨憨指鹿敢為狂。鴟嚇鵷雛誠可笑，雀聽梟聲也應惶。山鬼莫向空谷笑，月照芳心寄君王。

此詩可謂閨閣作男子之音，抒寫一腔報國壯志，是難能可貴的女性作家中的剛性作品。

淑英起兵時，因自身力量單薄，想與張先璧合作，不料張居心叵測，竟要娶淑英為妻，淑英拔劍刺之，最後被張軍所困，她寫下了《禾川題壁》律詩、絕句各一首，以明寧死不屈之志。律詩云：

7 施淑儀：《清代閨閣詩人徵略》，上海書店出版社，1987年版。

8 王泗原：《劉鐸劉淑父女詩文》，人民教育出版社，1999年版。

憑空呵氣補乾坤，勵志徒懷報國恩。麟閣許登功未建，玉樓待詔夢先鴛。銷磨鐵膽甘吞劍，抉卻雙瞳欲掛門。拼棄此身全節義，何妨碎裂散芳魂。

七絕云：

莫向西風泣數奇，也知夙昔有分離。來朝便把頭來斷，不聽群鵝聒耳啼。

張先璧見她如此剛烈，自覺理虧，無可奈何，只好作罷。

劉淑英的詞與詩判若兩人，詩作大多是金剛怒目、巾幗不讓須眉似的粗獷作品，而詞作則無劍拔弩張之勢，有些還頗有生活氣息，如《採蓮曲》：

美人如畫臨風唱，翠幄香帆側敧蕩。獨買小舟輕輕漾，呼儂上。沉醉花間不肯放。酒醒明月波心訪，並語碧流。猛觸心頭壯。人生四海隨所往，空惆悵。勺水浮沉何足量。

詞句風流倜儻，活潑可喜，似乎是新婚蜜月期間的作品。此外《蝶戀花》以及一些吟詠時令、自然的作品也多具有濃郁的生活氣息。

二、朱中楣

朱中楣（1622-1672），字遠山，人稱遠山夫人。南昌縣人。

明宗室朱議汶女，李元鼎妻，工詩詞[9]。徐乃昌《晚晴簃詩匯》云中楣詩「明麗秀逸，尤工倚聲」[10]，著有《石園隨筆二卷》《隨草二卷》《鏡閣新聲一卷》《文江倡和集二卷》《石園倡和集》。她所作詩詞應酬頗多，然於常處見新奇，富有生活氣息，讀《秋雨吟》：

　　饅斗樗蒲金釧冷，暝煙猶綴秋千線。一聲新燕動離思，叫徹雲根透纖影。翠鈿寒生已秋仲，簹敲碎玉驚殘夢。急雨初收問落花，清商暗度棲梧鳳。素娥青女意颺颺，何事深閨恨夜長。燕去還復去，閒鷗依舊點橫塘。

　　這首古風，寫在閨房中感覺很無聊，於是就找女伴來打牌，以消遣時光，即便如此，詩人的情緒還是冰冷淒涼如秋雨。為什麼呢？因為自己所思念的人不在身邊，長夜漫漫，孤枕難眠，窗外淅瀝的雨聲不停地敲打著詩人脆弱的心扉。結尾以燕鷗雙雙來去，更襯出離人思婦，反不如禽鳥懂得生活的快樂。本詩先用仄韻，後轉用平韻基調稍低，這也很好地配合了詩的整體格調。

　　位卑未敢忘國憂，女性的愛國情懷彌足珍貴，國恨家仇在她們的詩歌裡時有反映。來讀讀朱中楣的兩首詩歌：

9　曾燠：《江西詩徵》卷八十五，《續修四庫全書》，第 1690 冊。

10　徐世昌：《晚晴簃詩匯》，中華書局，1990 年版，第 8030 頁。

　　　　身世蒼茫裡，烽煙已數千。旅愁春候覺，歸夢草堂前。
花徑迷蝴蝶，家山映杜鵑。枝頭聞鳥語，猶自說燕然。(《旅
興》)

　　朱中楣處於明末清初兵荒馬亂之世，所作詩多有家國之恨。
由於戰爭，女詩人被迫遠離家鄉，在外漂泊，一路上總是念念不
忘，夢中好像又回到了自家的草屋前「花徑迷蝴蝶，家山映杜
鵑」，暗傷亡國，言語中透出對侵略者的仇恨，對家鄉的無限眷
戀。

　　　　青春作伴已還鄉，贏得新詩富草堂。蘇圃漫添湖水綠，
柴桑難問徑花黃。荒城處處傷離黍，舊燕飛飛覓畫梁。家國
可堪寥落甚，怡情何地是滄浪？(《春日感懷》)

　　首句化用杜甫的「青春作伴好還鄉」句，表達了對於回鄉的
欣喜之情，但是，今非昔比，經過戰亂後的家鄉，一片衰敗之
景。「荒城處處傷離黍，舊燕飛飛覓畫梁」暗示國家已經滅亡。
末兩句抒發了國破家亡的淒涼之感，讀來令人不禁潸然淚下。
　　朱中楣寫的詞不多，但清麗明快，頗有婉約之風，如《西江
月·暮春雨夜》：

　　　　細雨欲收春去，殘花暗約鶯留。無心閒玩強登樓，陌上
行人還有。泥滑難將舊恨，提壺喚起新愁。天涯芳草自悠
悠，零落海棠消瘦。

第三節 ▶ 許權、彭若梅

一、許權

許權（生卒年不詳），字宜瑛，德化江州（今九江）人。諸生許震皇女，湖口進士崔謨妻[11]。著作有《問花樓詩集》《閨中小草》。許權因受婆母虐待而中年自盡，讀其《柳梢青·寄外》就能感受到女詩人的人生怨恨與無奈：

> 殘日春暮，年年拋恨，在花間住。一陣東風，梨花如雪，桃花如雨。教人沒個商量，容易把韶光放去。只恐來時，殷勤問我，春歸何處。

此詩所寫景物及其用語都充滿悲緒，「殘」「暮」都是衰敗甚至即將死亡的象徵，將桃花、梨花比喻成雨雪，足見其內心的黯淡，「沒個商量」更進一步體現了作者的無奈與無助。在家長制度極端腐朽的清代，丈夫也不敢出來維護妻子的利益是司空見慣的。隨園女弟子陳淑蘭，悲悼許權的自縊，寫有責崔詩：「可憐江州進士家，灌園難護一枝花。若得才子情如海，爭得佳人一念差。」崔謨沒有盡到愛護妻子的責任，妻子冤苦無告才會自

---

11 參見雷瑨、雷瑊《閨秀詩話》卷三，1928 年掃葉山房石印本，載葛曉音《中國歷代女子詩選》，北京大學出版社，1995 年版，第 1843 頁。

盡。所以對許權的死，崔謨難辭其咎，他遠沒有焦仲卿有情有義。

《田婦行》是一首關注現實生活的作品：

> 椎髻餉田畝，其夫耕旦顧。宇宙有至情，聊以娛旦暮。世有利名人，棄之如陌路。所以同唱隨，甘心荊與布。相繼荷耒歸，林燈照晚酺。

這首詩歌頌農民夫婦淳樸的愛情和勞動生活，兩人早出晚歸、相依相伴、辛勤勞作，有著濃厚的生活氣息。《七夕詞》表現出寧願作田家農婦，也不當官家奶奶的思想：

> 七月七之夕，家家望女牛。神仙不可見，涼風何颼颼。我疑天孫之巧轉近拙，東西隔斷難分越。一年一度一分離，千古銀河響幽咽。不須乞巧問天孫，若賜巧來愁欲絕。君不見，東家力田婦，耕餉常相隨，旦暮共苦樂，白首不分離；又不見，西鄰有才女，夫婿上玉堂，終年不相見，悵望悲河梁。玉露無蘆夜清悄，盤中盼盡蛛絲繞。不知巧思落誰家，只恐巧多人易老。寄語人間痴女兒，寧為其拙毋為巧。

這首詩首先對神仙弄巧成拙，人為造成牛郎織女的慘痛分離感到不滿，並對他們表示同情。接下來把處境絕然不同的兩家人做一個鮮明的對比：一是家中雖然貧窮，要靠辛苦的勞動才能維持生計，但是，一家人卻時時刻刻團聚在一起，形影不離，享受

天倫之樂；而他的鄰居雖然有財富，他的女兒嫁給了有錢的女婿，可是一對夫妻終年難以見上一面，這是多麼惆悵而悲涼啊。作者的思想傾向十分明顯，那就是，寧願守拙抱貧也不願天各一方。一位女性在封建社會裡有如此見解，有這樣健康的思想，實是難能可貴。

二、彭若梅

　　彭若梅，字鶴儔，江西樂平人。關於她的生平事蹟，史籍未見記載，生卒年亦不詳。工詩，著有詩集《歲寒吟》三卷（包括詩餘一卷），有光緒二十七年江右述經樓刊本，現藏於江西省圖書館古籍部。從刊本看，彭若梅應該是清代道光年間的人。她的詩寫得清新、秀麗，具有女性對生活特有的細膩，先讀她的《紅葉詞》六首：

　　　　紅葉復紅葉，隨風化蝴蝶。蝴蝶夢中飛，可人歸不歸。（其一）

　　　　紅葉何紛紛，上有相思紋。相思不相見，可憐一片片。（其二）

　　　　紅葉題新詩，題詩寄阿誰？阿誰能解此，值得相思死。（其三）

　　　　紅葉隨流水，流水散成綺。綺語不可懺，秋風驚歲晚。（其四）

　　　　紅葉自來去，莫作隨風絮。絮影化為塵，不知前世因。（其五）

　　　　紅葉何處尋，持此寫素心。素心天上月，月圓不再缺。
（其六）

　　這是一首愛情組詩，當寫於她的少女時代。古代婚姻多由父
母之命、媒妁之言，於是，她只能在詩中想像著她與「阿
誰」──也就是她心目中的那個「可人」的相思之情。紅葉紛
紛，已是深秋季節，她的「可人」還未歸來，使她倍感寂寞。她
把這種相思寄情於紅葉，希望它能扶搖飄上月宮，表達她「月圓
不再缺」的美好願望，屬托物抒情的作品。此外，從「絮影化為
塵，不知前世因」一句來看，彭若梅似乎受佛教思想的影響。她
的婚姻不如自己所願，故而時常在詩詞中表現出一種憂鬱之緒心
事重重，籠罩著一絲淡淡的哀愁。再來讀讀她的《前調》兩首：

　　　　蠟炬背人孤，紅淚偷枯，離魂銷透，嫩涼初。門外天
涯，天外夢，夢裡江湖。難遣一愁，無愁也模糊，蘋花煙
瘦，柳風疏，拌把離愁都花草，草化虆蕪。
　　　　錦瑟憶年華，綺思都差，荻花明月苦，琵琶恁是憐，君
應感我，一例天涯。相送畫廊，斜柳影周遮，叮嚀後約，指
薇花，燕子趨將秋色去，何處為家。

　　前首詞滿是離愁別恨，且揮之不去；後一首備述離別相思之
苦，淒楚動人。

第四節 ▶ 萍鄉李氏閨閣詩

萍鄉流傳一部《李氏閨閣詩抄》，筆者未得親見。魏向炎前輩編著的《豫章才女詩詞評注》收錄萍鄉李氏母女三人（俞鏡秋、李纕蘅、李慧仙）[12]閨閣詩二十二首。李汝啟的《同與醉流霞》對《李氏閨閣詩抄》內八十八首詩進行了精彩的賞析，這對於江西女性詩詞作品的探究是一個很大的貢獻。她們母女三人的詩作題材多為吟詠風物、應和酬唱之作，具有女性特有的審美情趣與濃濃的親情。

俞鏡秋，清光緒間山陰人，萍鄉李有棻繼室，卒年四十二歲，有《倚香閣詩鈔》。首先來讀讀俞鏡秋的春日雜詠三首：

> 朝陽一角粉牆頭，早捲珠簾上玉鉤。盼到柳條依舊綠，未曾離別也牽愁。
>
> 錫簫唱暖豔陽晨，怪底東風最倦人。偶向碧紗窗外立，海棠紅到十分春。
>
> 幾外垂楊賣酒家，踏青歸去夕陽斜。枝頭一鳥忽飛起，驚落夭桃數點花。

春日三首，分別用了朝陽、豔陽、夕陽，暗示了整個春天成長的過程，渾然一體。由感春、惜春到踏青覓春，描畫出一幅江

---

12 魏向炎：《豫章才女詩詞評注》，江西人民出版社，1987年版，第240-245頁。

南春天的詩情畫意。

李繼薌，名恆，清光緒年間萍鄉人，俞鏡秋長女，李慧仙的姐姐，適廣西灌陽唐庚，有《夢餘吟草》。李繼薌《白梅》寫得別出心裁：

> 孤山寒玉一枝枝，疏影橫斜惹夢思。不御鉛華偏愛雪，幽香未許蝶蜂知。

紅梅傲雪吐豔可謂冬之亮點，首先在視覺上就引人注目，而白梅相比之下，似乎就有點遜色，這首詩用寒玉來比喻白梅，想像奇特，讓人想到宋人盧梅坡的名詩「梅須遜雪三分白，雪卻輸梅一段香。」當然詩中也化用了林逋《山園小梅》的兩個句子：「疏影橫斜水清淺」「粉蝶如知合斷魂」，但巧妙恰當，沒有掉書袋之感。

李慧仙，名萃，清光緒間人，俞鏡秋三女，適萍鄉朱桐蔭。姐妹之情，情同手足。從小一塊長大的伙伴分離之後，定會倍加思念，有離群孤雁之愁。且讀她的《秋日懷襄薌姊》：

> 涼風拂拂透湘簾，宿鳥無聲月掛簷。景物依然人事改，阿誰當此不愁添。

這首詩沒有詳說姊妹間的故事，但蘊含著姊妹情深，兒時一起游玩時的景物依然，但人卻各奔東西，思念之至，發出李清照「物是人非事事休，欲語淚先流」式的感嘆。

江西女性詩詞自唐代始，期間各時代的數量不一，而尤以清代居多。她們的整體作品不在少數，但由於種種原因，流傳至今的並不多，由於封建社會的種種約束，在男權社會中，女性的活動範圍、生活閱歷、知識水平都在一定程度上限制了她們的創作視野。她們所關注的多是身邊瑣事，題材相對狹窄。但也有不少女性詩人走出閨閣，去感受美好的大自然，並開始關注民生疾苦。她們的感情細膩真摯，風格多趨向於清新自然一派，偶爾也會有鏗鏘之音，反映出創作風格的多樣性。儘管她們作品多寡不一，質量高低不同，儘管她們的詞作在題材的選擇、在審美觀與價值觀的取向上，在反映生活面上，呈現出比較趨同的特點，但卻給我們留下了此際女性生存狀態的真切寫照。從某種意義上說，江西閨閣詩詞的崛起，打破了男性對詩壇的壟斷地位。她們的出現，為清代江西詩壇、江西的地域文學增添了一道別樣的風景線。

參考文獻

1. 陳東原：《中國婦女生活史》，上海古籍出版社，1985 年版。

2. 高世瑜：《中國古代婦女生活》，商務印書館國際有限公司，1996 年版。

3. 胡文楷：《歷代婦女著作考》，上海古籍出版社，1985 年版。

4. 江西省文學藝術研究所：《江西歷代文學藝術家大全》，

江西人民出版社，1989 年版。

　　5.　李鶴鳴、魯文忠：《閨秀詩三百首》，長江文藝出版社，1988 年版。

　　6.　施淑儀：《清代閨閣詩人徵略》，上海書店出版社，1987 年版。

　　7.　魏向炎：《豫章才女詩詞評注》，江西人民出版社，1987 年版。

　　8.　謝無量：《中國婦女文學史》，中州古籍出版社，1992 年版。

　　9.　袁行雲：《清人詩集敘錄》，文化藝術出版社，1994 年版。

　　10.曾燠：《續修四庫全書》，集部總集類江西詩徵卷，卷八五、卷八六。

　　11.張宏生、張雁：《古代女詩人研究》，湖北教育出版社，2002 年版。

第五章

近代江西詩詞

　　從文廷式的「收京猶望李西平」到陳三立的「來作神州袖手人」，籠罩在同光體光環中的江右詩壇，在晚清近代社會轉型的激烈震蕩中，隨著民主思想與科學技術的漸浸也必然產生與時代相呼應的新變。這一時期壇坫潮湧，人才迭出，無論是復古還是求新，詩人們經歷著時局的詭譎風雲，體味著文學之中西碰撞，不斷探索揣摩，使淵深脈長的詩詞傳統在贛鄱大地掀起新一輪波瀾。

　　汪辟疆在《近代詩派與地域》中點明同光體實盛於閩贛，其稱「閩贛則瓣香元祐，奪幟湖湘，同光命體，儼居正宗」[1]。而錢仲聯則進一步將其細分為閩派、浙派和江西派[2]。近代江西派遠承宋代江西詩派而法祖黃庭堅，聚攏了當時許多學習黃庭堅而又受陳三立影響的詩人，這其中以江西籍的詩人為主，但並不以

1　汪辟疆：《近代詩派與地域》，《汪辟疆說近代詩》，上海古籍出版社，2001 年版，第 18 頁。

2　錢仲聯：《論同光體》，《夢苕庵清代文學論集》，齊魯書社，1983 年版，第 111 頁。

鄉邦為之界限。作為近代詩壇的一代宗師，陳三立曾被時人推重為「今之蘇黃」，且「詩流布最廣，工力最深」，「有井水處多能誦之」[3]。在他的「不為習見語」「不必用意為」[4]的理論觀照下，形成一批力學山谷，講求「綜貫故實、別成其體」[5]的詩人群體，如華焯、胡朝梁、王易、王浩、王瀣、曹東敷、吳天聲、邵潭秋等。這些詩人或直接師從陳三立，亦或創作直接受其影響，宗趣風格多有近似之處，淵源一家卻不循一軌，以心命筆，在創作實踐中形成了近代江西詩壇的主體。

　　與此同時在江右詩壇上，羽翼於陳三立左右的還有楊增犖、李瑞清、夏敬觀、陳衡恪、陳寅恪、陳方恪、龍榆生等，他們為詩亦近宋詩，卻不限於門戶，「學古不為古所囿，故能別出手眼，卓然自立」[6]，在江西派之外，特放異彩。楊增犖的風骨峻峭，李瑞清的飄逸自如，都能別開生面，蔚然可觀。而夏敬觀、龍榆生詩詞俱佳，或苦澀樸素，掃除凡豔[7]，或工穩灑落，手眼開闊，被視為近代江西詩壇上獨樹一幟的重要詩人。陳衡恪、陳寅恪、陳方恪昆仲雖為散原哲嗣，但為詩卻不因循散原。陳衡恪

3　汪辟疆：《近代詩派與地域》，《汪辟疆說近代詩》，第 27 頁。

4　陳三立：《漫題豫章四賢像拓本》，見舒蕪等編《近代文論選》，人民文學出版社，1999 年版，第 396 頁。

5　陳三立：《顧印伯詩集序》，《散原精舍詩文集》（下），上海古籍出版社，2003 年版，第 1091 頁。

6　汪辟疆：《近代詩派與地域》，《汪辟疆說近代詩》，第 27 頁。

7　錢仲聯：《論近代詩四十家》，《當代學者自選文庫 錢仲聯卷》，安徽教育出版社，1999 年版，第 424 頁。

的「清剛勁上」「沁人心脾」；陳方恪的「精麗脫俗，情韻綿厚」；陳寅恪的輕法重意，所寄宏深，都在近代江西詩壇上留下了濃墨重彩的筆影華章。

近代的中國，從戊戌維新到五四運動，交替來襲的歐風美雨，隆隆炮響的十月革命，不斷出現的新思想、新文化，都使古老的詩歌遭受著巨大的衝擊。將新思想、新事物溶入舊體裁，在詩歌中鼓呼革命，禮讚科學，是近代詩壇一個值得注意的現象，這其中南社可謂貢獻至偉。籍入南社的贛省詩人，胡先驌、楊詮可為代表。胡先驌為詩蒼雄雅健而聲情特異，題材新穎。每將海外求學的踐歷及植物學方面的見解信手入詩，所作「往往馳思域表，弋句象外，冥心獨造，眇合自然」[8]。楊詮作為一位民主革命家，其詩風力獨具，為民主、自由大聲疾呼，雖取於舊體，卻「詩非凡響」[9]，社會價值和文學價值二美並舉，產生了很大影響。此外還有筆記心路、厲氣樹骨的軍界、政界詩人如熊式輝、王有蘭、歐陽武等；以隱逸為宗，尚趣田園的詩人如盧印農等。他們詩作氣體各異，卻自有高華，從不同方向豐富和擴展了近代江西詩壇的創作和風格。

陳三立「工詩而不以論詩稱」，但他「散見於其詩文集及並

---

8 胡宗剛：《胡先驌先生年譜長編》，江西教育出版社，2008 年版，第 625 頁。

9 錢仲聯：《南社吟壇點將錄》，《當代學者自選文 庫錢仲聯卷》，第 726 頁。

世詩家專集題識中者，卻時有微言奧旨」[10]。他的「工為短評，各如其分際」[11]的評詩風格也深刻地影響了近代江西詩壇的詩學批評，這其中以汪辟疆的成就最為突出。其《光宣詩壇點將錄》別開近代詩評點將一體，以史家眼光，收羅備詳而能一語中的，對保存當時詩壇的面貌和特色具有不可替代的作用。其《近代詩派與地域》《光宣以來詩壇旁記》，亦是見解精深，特點鮮明的詩學力作，「在一定程度上重新構建近代詩的評價體系」[12]。

近代江右詩風秉承同光一脈，在陳三立蘊藉含蓄、自出機杼的風格影響下，詩人輩出且各具風騷，時而孤憤滿懷，時而微隱幽憂，時而高逸沖淡，時而特異新穎，正似一泓清泉源流於山谷，橫放於散原，進而溪汊支脈交錯發揚，汨汨滔滔，氣象萬千而奔流不絕，不僅在當時影響巨大，時至今日依然是學術界、詩詞界研究和學習的熱點及焦點。

第一節 ▶ 夏敬觀詩詞及《忍古樓詞話》

夏敬觀（1875-1953），江西新建人，字劍丞，一作幹臣、劍臣、鑑丞、鑑成；又字盥人。辛亥革命前後號吷盦，亦署吷庵、

---

10 錢仲聯：《詩詞卷陳三立小傳》，《中國近代文學大系》，第 14 卷，上海書店出版社，1991 年版，第 473 頁。

11 陳衍：《石遺室詩話續編》卷三，張寅彭主編《民國詩話叢編》，第一冊，上海書店出版社，2002 年版，第 524 頁。

12 張宏生：《詩史的發展與汪辟疆的近代詩學成就》代序，《汪辟疆說近代詩》，第 15 頁。

映廠；室名忍古樓、窈窕釋迦室。曾署名映庵居士、玄修、冬士、忍庵、籟軒、疊空居士、緘齋、宗宛、牛鄰叟等。他的一生經歷清朝、民國以及中華人民共和國三個時期。

　　光緒元年，夏敬觀生於父夏獻云（字芝岑）湖南督糧道官署。光緒十八年，夏敬觀入南昌書院，師從皮錫瑞治《尚書》，旁及諸經[13]。光緒二十年中舉。光緒二十七年捐員外郎，後改知府，分江蘇試用。次年入江寧布政使李有棻幕。兩江總督張之洞委其兼辦三講師範學堂。三十四年，任中國公學、復旦公學監督。宣統元年，赴蘇州，巡撫陳啟泰辟為左參議兼憲政總文案，總辦江蘇咨議局、地方自治籌備處。十一月署理江蘇提學使。民國二年，張謇為農商部總長，辟為秘書，旋任政治會議議員。次年辭秘書南歸。民國五年，就商務印書館涵芬樓聘，並協助張元濟輯刊《四部叢刊》[14]。民國八年，任浙江教育廳長。三年後罷任，改任北京圖書館長。不赴。民國十八年，與友人商設《清詞鈔》編纂處。民國十九年，與友人倡立詞社、畫社。民國二十一年，助龍榆生籌辦《詞學季刊》，並開始為之撰寫《忍古樓詞話》。民國二十四年，成立同人詞社。民國二十五年，主編《藝文雜誌》創刊。民國二十八年，與同人發起貞元會。又在家宅成立詞社——午社[15]。民國三十六年，參加國史館纂修會議，並擔

13　皮名振：《善化皮鹿門先生年譜》，商務印書館，1939 年版，第 1 頁。

14　陳詒：《夏敬觀年譜》，黃山書社，2007 年版，第 94 頁。

15　夏敬觀：《天風閣學詞日記》6 月 11 日記：「午過榆生，同赴夏映庵

任上海方面纂修負責人。一九四八年不幸中風，後一直臥病在家，一九五三年逝於上海。關於夏敬觀生平，陳誼《夏敬觀年譜》資料豐贍，考訂翔實，具有重要參考價值。

夏敬觀著述豐富，經史著作有《太玄經考》《春秋繁露補（考）逸》《毛詩（序）駁議》《西戎考》《清世說新語》等；音學著作有《古音通轉例證》《經傳師讀通假例證》《今韻析》等（按：這三種書後合為《音學備考》，由商務印書館印行）。就詩詞而言，詩集有《忍古樓詩》，詞集有《映庵詞》，論詩專著有《八代詩評》《唐詩評》《唐詩概說》等，並校注梅堯臣集，選注漢短簫鐃歌、孟郊、梅堯臣、王安石、陳與義等人詩歌。上海書店出版社據上海圖書館藏夏敬觀自訂本於二〇〇二年出版的《民國詩話叢編》第三冊有《忍古樓詩話》與《學山詩話》。論詞專著有《忍古樓詞話》《詞調溯源》《詞律拾遺》《戈順卿詞林正韻訂正》等。一九三九年前後，手批《彊村叢書》。近人陳誼編有《夏敬觀著述年表》，搜羅廣細，足資參考。

「同光體後勁」[16]夏敬觀是晚清、民國時期的活躍詩人，與他詩詞交往的有二百餘人，有三湘老人王闓運，「同光體」詩人陳三立、陳衍、沈曾植等，「南社」詩人諸宗元等。其詩學思想

招宴，座客十二人，饌甚豐。映庵約每月舉詞社。是日年最長者廖懺庵，七十五歲。金孫亦七十餘。吳湖帆自謂今年四十六，與梅蘭芳同年。」載《夏承燾集》第六冊，浙江古籍出版社，第 105 頁。

16 馬亞中：《中國近代詩歌史》，台灣學生書局，1992 年版，第 575 頁。

雖有受同派前賢聲氣的影響，但並不專宗宋，而能博覽漢魏六朝及唐宋名家詩，具有以現代眼光總結文學史的自覺意識。

夏敬觀認為王闓運《八代詩選》「於漢魏詩研求功深，其言蓋深有得於心者，非浮泛之評也」，因此他在手批《八代詩選》時作《八代詩評》，深入研討漢魏六朝古詩，文人創作及音樂流變的歷史。沈曾植與夏敬觀交往密切，詩詞酬唱頗多。沈氏有著名的「三關說」，其中特別標舉「元嘉」一關，欲「尋杜韓樹骨之本」。沈曾植論詩重在宗顏謝，要人通經學、玄學、理學以為詩，以詩見道。夏敬觀在《初學作詩作詞門徑》中認為學做詩應先培養國學根基，涵養氣體與文詞，以五言古詩為門徑：

> 五言詩為漢世創體，詩家所祖，學詩者所必讀。不讀漢五言，則胎息不能深厚，讀之而不知其所以然者，徒襲形貌，猶之未讀也。予嘗以學書喻之：三百篇、楚辭，書中之篆法也；漢五言，書中之隸法也。章草、鐘繇楷書、王羲之行草，皆從篆隸出。後世學書者，不能從章草、鐘、王之外，別樹骨殖；後世學詩者，亦不能從詩、騷漢五言之外，別樹骨殖也。

> 胎息漢魏，涵養深厚，由此上窺風騷，下辟唐宋，博採眾長。

> 學者誦古人詩，正如食性，以五味調和為上，或有偏嗜，及學之功，則五味調和為大家，偏嗜者僅能為名家耳。

在學習古詩、轉益多師的同時要按自己的性情，擇善而從。

這裡夏敬觀高於專研漢魏六朝的王闓運（王詩模擬古詩太過，失卻本性，被譏為「假六朝，假古董」），同時也突破了同光派中專宗一家的見識，也就更顯通脫包容。不僅如此，他還表現出一種從文學本位出發具有現代意識的獨特眼光。他強調文藝「必出於真摯者」，而「真摯之文藝，根於作者之性行」。這就觸及文藝與創作主體修養性情關係。他對歷來李杜優劣問題頗不以為然，他在《說李》中說：「詩者，心之聲也，所懷各異，安可比而論之？」又：「學者學李學杜，各就其性之所近，無庸於李杜間有所軒輊也。」而且在評價文學作品時，重視作品本身的審美價值、藝術結構，而非用「詩教」這一傳統標準一言蔽之。他在《說杜》中開宗明義：

　　　　評論文章，必須就文字立論，而後可示學者以藝術津梁。

又評東坡兄弟「李不及杜好義」：

　　　　二蘇言論如此，蓋皆就詩教立言，固是堂堂正正議論，予何敢以為非！然至今日，言杜詩者唯知此論，遂成口頭門面語，於杜之文章關鍵，前人非不闡明，而為此蒙頭蒙面言之論掩之，實論詩者之流弊也！

要求闡明杜之文章關鍵，也就是杜詩的審美藝術特徵。夏敬觀注重詩歌的藝術本質，也不否認社會對詩歌的影響，往往把二

者結合在一起闡發。他在《說元白》中指出「詩道隨時代變遷轉移」，認為元白樂府藝術的顯露也可以讓讀者感受衰世之氛圍。夏敬觀論詩緊緊把握住詩歌的審美藝術特徵，同時又關注詩歌與社會、與創作主體的道德修養的關係，是古典詩論發展到近代而以現代眼光總結詩史，具有希求尋求突破的自覺意識，這也是「同光體」詩人刻意求「新」的典型代表。夏敬觀在創作主體性情與文藝上強調「真」字，而藝術上技巧上強調一「拙」字。以拙為巧，言淺意深，追求一種平中見奇的藝術效果。夏敬觀一生最激賞的詩人是梅堯臣，其詩也與梅詩酷近[17]。如《雲棲寺竹徑》云：

> 理安長楠直插地，雲棲大竹高參天。二寺夥然到聖處，楠不盡兮竹愈堅。昔楠理安境無對，未見雲棲真枉然。漸尋竹徑避白日，步步到寺尋花磚。又如葺葉作廊覆，左右柱立皆修椽。露骨專車岩壑底，表影累尺僧房巔。空亭駐足一遐想，夜至風露宜娟娟。人言此寺唯有竹，他景不勝名虛傳。正謂有竹便佳絕，雜書亦眾何稱焉？願筍不斸盡成竹，連坡長到澄江邊。

---

[17] 汪辟疆《光宣詩壇點將錄》：地猛星神火將軍魏定國，夏敬觀。寧死不屈，事寬必完。知我者，單與關。映庵詩出梅都官，遣詞植骨幾於具體。又喜稱東野（其自言喜孟東野、梅聖俞之詩，見《泗洲楊侍郎詩序》）。自負其詩甚至，或有近梅詩譽之，心輒不怡。實則老樹著花，與梅為肖。《汪辟疆說近代詩》，第 74-75 頁。

用平暢的語句寫足竹的形與神，「昔稱」「又如」「人言」這些此將詩句緊密聯繫，用筆造語，神似宛陵。「宛陵用意命筆，多本香山。」[18]夏氏學梅而合香山，於平易中著和諷喻。如《獨居漫成》：

> 一臥津關倍蕭瑟，晚風江上對菰蒲。半生剌促人垂老，百物填豗俗與俱。只覺飛蚊成豹腳，休將腐鼠嚇鵷雛。微燈漆室攤書坐，謗議韓非憤亦孤。

此詩鋪敘獨居情景，平直易曉，首聯點獨居之環境，次寫獨居之感情。頸聯一轉，看似寫物實則含憤。「飛蚊」「腐鼠」乃微小腐朽之物，但被誇大，用以恐嚇世人。「只覺」「休將」兩虛詞運用，增加情感力度；「只覺」尚平，「休將」有立喝之感，其情亦力透紙背，諷刺時世深刻。尾聯既再次寫出獨居之處所，回應首聯，又點明孤憤之情感。全詩構思窈深，敘寫平直，情感沉鬱，風格清勁，頗有梅詩「老樹著花」之態。

夏敬觀學梅而上窺孟郊，造境「清苦」[19]。沈曾植謂「昳庵詩思清到骨」，耐人細細品味。如《湖上》：

18　陳衍：《石遺室詩話》，張寅彭主編《民國詩話叢編》，第一冊，第201頁。

19　錢仲聯：《夢苕庵詩話》，張寅彭主編《民國詩話叢編》第六冊，第178頁。

世紛到湖山，崢嶸自蒼碧。嗟我四十年，雙鬢已斑白。
夢中見林影，待我孤山石。梅鶴了不避，知是主人客。

　　《忍古樓詩》是近代社會激流衝撞的反映，是詩人人生蹤
跡、蒼涼心境的表現，抒發了其「遙夜苦難明」的哀痛憤慨情
緒。集名《忍古》，取自《離騷》「懷朕情而不發兮，余焉能忍
與此終古」。他的詩歌不是局促於斗室之中雕琢詞章，而是在典
贍平易的語句裡蘊含著詩人的現實關懷，直寫現實之作如《十八
夜作》《十九日和稚卒上元韻》，表現了對日寇侵華的憤慨。又
如《答楊雪齋》三首之二：「一火燎原國遂空，九州何地免嗷
鴻。商量沒頓吾盧處，可是家山便不同。」新事物之作如《哥而
夫球》寫高爾夫：「曲柄倒置短桿頭，持蹴彈丸通以溝」；寫柏
油馬路《自虹橋路馳車西新徑遂登療養院樓》：「烈日炙地膚，
凝膏變溶液，飈車歷郊途，分錯飛輪跡。」道人未道，十分傳
神。

　　夏敬觀亦為近代著名詞人，「晚近詞壇領袖作家」之一[20]。
其詞學活動廣涉創作、校勘、輯佚、批評、聲韻、詞樂諸多領
域，並倡立詞社，開辦詩詞函授班。夏敬觀於一九〇〇年在上海
從文廷式學詞，一生詞學活動約可分前後兩期：一是從一九〇〇
年學作詞至一九一一年《映庵詞》第三卷刊行，主要從事詞創

20　龍榆生：《晚近詞風之轉變》，《龍榆生詞學論文集》，上海古籍出版
　　社，1997 年版，第 413 頁。

作；二是一九三〇年至一九五三年，主要參與組織詞社、詞學整理與詞學研究。

夏敬觀在《詞調溯源》中認為詞的產生是由音樂造成的，同時又注重詞是一種具有普世功能的抒情文體，將詞的音樂性與文學性並重，推尊詞體：

> 夫詞於文章，先輩所視為小道也，然以古例今，街巷嘔謠，軺軒所采，士夫潤色，升歌廟堂，三百篇亦周代之詞耳。古今文字嬗降，詩變為五七言，又變而為詞，為南北曲，愈近則愈切於民俗國故。

這樣將詞上規風騷，強調了詞具有反映現實的功能，從而推尊詞體。這是清中葉常派推尊詞體之餘緒，但夏氏的突破在於緊緊把握詞的音樂性與文學性，注重詞文學藝術特質，所以更顯平通。

夏敬觀《忍古樓詞話》以文廷式起首，明其學詞家法。文廷式在《雲起軒詞鈔自序》中說作詞要有「照天騰淵之才，溯古涵今之思，磅礴八極之志，甄綜百代之懷」，要博通古今，有內涵氣勢，此非學人而難致也。夏敬觀在張爾田的《遯庵樂府續集序》中也說：

> 予嘗謂詞人易致，學人難致，學人兼詞人尤難致。有詞人之詞，有學人之詞……
>
> 詞於文體為末，而思致則可極無上。學者雖淹貫群籍，

或不能為，蓋記醜無所施於用，強之則傷其格。若於學無所
窺者，但求諸古昔人之詞，又淺薄無足道，彌卑其體，其上
焉者，止於詞人之詞而已。君學人也，亦詞人也，二者相濟
相因而不扞格，詞境之至極者也。

夏敬觀十分推許文廷式、沈曾植、張爾田等所為「學人之
詞」，自作《映庵詞》亦然。《映庵詞》刊刻有三次：一是光緒
丁未（1908）年刻本，一卷二冊；二是民國間刻本，有標點，一
卷一冊；三是民國二十八年中華書局鉛印本，四卷一冊。上海圖
書館藏有夏敬觀手稿詞集一卷二冊，汪東為之編目。台灣中華書
局一九七○年出版了《忍古樓詩詞合刊》。

詩詞寫作實為一路，夏敬觀能詩亦工詞。他詩提倡平淡古拙
而意味深長，詞則多用淺筆，語淡情深，有唐詩之高妙情韻。如
《採桑子》：

畫樓夜倚秋城靜。庭院疏桐，淡月朦朧。露下三更細細
風。此時無那腸先斷。楚瑟驚鴻，聲在弦中。不僅相思說與
儂。

團團玉露凋庭葉。風颭流螢，樹梢微明。東北欄杆易見
星。夢回始覺年光轉。寂寞吳城，一夜秋聲，暗地催人白髮
生。

濃雲不放秋河月。細雨廉纖，碎響空。南戶疏鄧北戶
簾。年光只為傾城惜。試近妝奩，花好頻拈。莫待明朝白髮
添。

為詞造語精粹，詞境疏宕淡雅，體物細膩，於淡筆中寓深沉的人生悲慨。《映庵詞》中如《南歌子》《浣溪沙》等詞也用詩境達詞心，構造一種疏快幽微而含蓄豐美的意境。鄭文焯贊道：「極疏快之至，一洗窒窣之塵。匪得唐人詩境三昧，不能發此奧悟也。」[21]映庵令詞風近晏殊、歐陽修，疏淡而豐贍，慢調長制多學柳永、周邦彥、吳文英，集中多闋有和他們詞韻之作[22]。夏敬觀以學人之縝密思維，詞人之敏感心靈鋪排描摹，渲染結構，寄托悲涼哀傷的慨嘆，宛轉委屈的情懷。如《望海潮》詞云：

> 雉牆斜日，狐簹新火，危樓直瞰高城。繁吹怨風，銀槍耀雪，秋場夜點番兵。重到暗心驚。想朔塵匝地，西望秦京。絳闕迢迢，玉河不動燦三星。東華往事淒清，付垂楊鳥語，疏草蟲聲。檀板未終，殘燈更炙，笙歌亂後重聽。十載浮名，笑酒邊老大，吾亦微醒。滿屋狂花，替談興廢有山僧。

詞題下小序「庚子亂後，重來京師感賦此解」，表明此詞寫於八國聯軍劫掠北京後之感。開篇即寫衰敗之景，「雉牆」「斜陽」

---

21 鄭文焯：《與夏映庵書二十四則》，《大鶴山人論詞遺札》，龍榆生輯，《詞話叢編》，唐圭璋編，中華書局，1986 年版，第 4341 頁。

22 王易：《詞曲史測運第十》「詞曲之現狀」夏敬觀，字劍丞，新建人，詩宗宛陵；有《映庵詞》，出入歐、晏、姜、張之間。東方出版社，1996 年版，第 441 頁。

「狐簧」疑似荒蕪之地也，「危城瞰高城」道出此乃京城遭劫，頗有老杜「國破山河在，城春草木深」之沉痛悲憤。此一層。接著寫京城被占，外敵磨刀霍霍，「秋夜點番兵」，怎不讓人驚心動魄。「驚」點睛筆，賦描寫之物以感受。此又一層。山河破碎，而慈禧太後帶光緒帝西奔，所以詞人「西望秦京」。敘帝西奔事，此再一層。「絳闕迢迢，玉河不動燦三星」，象徵國家的皇帝在千里之外，星空燦燦，無語中含有國不滅、希圖振作之意。寫顯忠愛纏綿之情意，又托規諫希望之諷喻。融情於景，詞境渾茫。下片以「樂事」寫悲情，更顯「淒清」。詞結尾「狂花」為詞人迷離複雜內心的表象；「山僧」談興廢，看似跳出凡俗，不管世事，實則正表明詞人心有所繫，欲罷不能。此為詞法潛氣暗轉，詞境由此疏宕，而情感卻幽婉蘊藉，得美成之精。朱祖謀在《映庵詞序》中讚夏敬觀「能於西江前哲，補未逮之境；抑且於北宋名流，續將墜之緒也」。

另外，需要指出的是夏敬觀對詞與音樂的關係有深入研究，且對戈載《詞林正韻》有所訂正，《映庵詞》用音擇律也十分講究，充分展示了其「學人」而為詞的特色[23]。

近世學者大多與夏敬觀有密切交往，他們對《映庵詞》的評論雖有溢美之詞，但也正因為交往深，所以知之切，他們的言論為我們解讀《映庵詞》提供了很好的啟示。錢仲聯《近百年詞壇點將錄》，將夏敬觀列為第十一位，配天威星雙鞭呼延灼：

23　陳誼：《夏敬觀年譜》，第 335-336 頁。

劍丞詩詞俱絕世，師承散原，詞繼王朱後，稱為尊宿。
孟劬稱為「詞家之鄭子尹」。又謂其「取徑自別，下筆能
辣」，一言論定，見其偏勝獨至之光價。

夏敬觀為近代著名學人、社會活動家，與其交往者也多為社
會名流、文學名家。他不僅經史、詩詞、書畫俱精研獨到，在教
育史、出版史上也有重要的地位。夏敬觀論詩詞注重學養，推重
學人詩詞。他總結並突破了前人理論，緊緊把握文學本身的特性
來論詩詞，具有現代詩史意識。詩宗梅堯臣，又能博採眾長；詞
學文廷式，又得北宋名家之精要。夏敬觀的詩詞理論和創作是近
代詩詞史十分值得注意和研究的。

第二節 ▶ 王易的詩詞創作與詞曲觀

王易（1889-1956），字曉湘，號簡庵，江西南昌人。父王益
霖（1856-1913），字春如，晚清進士，其人擅長舊學而又能求新
求變，對西學亦有研究。初為三江師範經學教習，後授河南封丘
知縣。王易隨父居河南，初入省立高等醫學堂，後入京師大學
堂，一九一二年畢業。民國伊始，王易隨父移居宜春袁山，後與
其三弟王浩（思齋）徙南昌從事報業。

胡先驌《評思齋遺稿》謂之曰：「主持報章文苑，詩文辭以

及小說筆記，莫不佳妙，一時頓翔紙貴之譽。」[24]二十年代初，王易就教心遠大學，乃其教授生涯之始，時彭澤汪辟疆亦在此校執教。王易與汪辟疆及余謇（南昌人，原廈門大學教授）同被譽為民國江西三傑，此期汪辟疆作《光宣詩壇點將錄》[25]，其序云：「曩與義寧曹東敷（纕蘅）同客南昌，又同寓簡庵（王易）思齋（王浩）昆仲家，昕夕論文，極友朋之樂。」可佐當時其人交游之情況。一九二六年秋，王易進入東南大學（1928 年更名為中央大學），任教七年。時胡翔冬、王伯沆、柳詒徵、黃侃、王易、汪東、汪辟疆七位國學家匯聚南京，並稱為「江南七彥」，交游唱酬，所作甚多。王易詩集中《甲戌上巳禊集玄武湖分韻得為字》句云：「三日園林集裙屐，五風芬郁照淪漪。」可為其時雅聚之佐。一九四〇年，胡先驌草創中正大學，遂延請王易為教授，並出任文史系主任，其所作校歌歌詞，至今沿用[26]。抗戰勝利以後，中正大學遷南昌望城崗，王易出任文學院院長。解放後，任湖南文史館顧問。一九五六年八月三十日去世，卒年六十七。

　　王易著有多部著作，猶以《國學概論》《修辭學通詮》《詞

24　胡先驌：《胡先驌文存》，江西高校出版社，1995 年版，第 307 頁。
25　《光宣詩壇點將錄》寫成於 1919 年，1925 年連載於《甲寅》第 1 卷第 5 號至第 9 號，1934 年至 1935 年連載於《青鶴》第 3 卷第 2 期至第 7 期。1940 年代中葉修改而成的定本在「文化大革命」中被毀，現在通行本為程千帆所整理。今見《汪辟疆說近代詩》。
26　參見《南昌大學校歌》，王易詞（原國立中正大學校歌歌詞），周明改編，遙遠曲。

曲史》《樂府通論》最為知名。其《修辭學通詮》乃與唐鉞之《修辭格》、陳望道之《修辭學發凡》、楊樹達之《中國修辭學》並稱為現代修辭學建立之四大標誌性著作。其《詞曲史》為第一部以現代學術眼光論述中國詞、曲、南戲、傳奇的淵源和發展的學術著作。王易舊學功底深厚，其《國學概論》論國學尚質，以經學、小學、哲學與史學為國學之「四區」，以為「至若文藝詞翰，作者過眾，灝瀚曼衍，敘次為煩。況內實外華，非得苟舉；由學窺文，無待毛舉。果其讀書得有門徑，則用治文學，游刃有餘」。錢仲聯在《近百年詩壇點將錄》中評價道：「王易亦掌教南雍，所著《國學概論》《詞曲史》等，嘉惠士林，為功匪尠。」[27]不失為公允一說。王易博學多才，詩詞書法篆刻皆精。詩有《師厚齋詩稿》，詞有《鏤塵集》，與其弟王浩合刊有《南州二王詞》。

王易為詩，襲同光之餘脈，步趨散原，而不出江西格套。故錢仲聯在《近百年詩壇點將錄》中說他「學後山，江西派之護法神也」[28]。在《論同光體》中，錢氏論同光體江西派：

這一派大都是江西人，遠承宋代的江西詩派，以黃庭堅為宗祖。其首領為陳三立……王易、王浩諸人都屬於這一

27　錢仲聯：《近百年詞壇點將錄》，《當代學者自選文庫錢仲聯卷》，第687頁。

28　錢仲聯：《近百年詞壇點將錄》，《當代學者自選文庫錢仲聯卷》，第706頁。

派。[29]

王易的詩，其詩風宗宋，學黃庭堅之研練作法，有宗有趣，有開有闔[30]。七律俊逸明淨，得陳與義之真氣內轉，而其古詩拗險深刻，又不失陳師道遺風。詩中整體流露出的作法筆意也真如陳衍所謂「力學山谷、後山，寧艱辛，勿流易，寧可憎，勿可鄙」[31]。王易在其《詩味二章示迪兒》中寫道：「詩味有甘苦，作者當自知。譬如啜好茗，惟苦乃見奇。」在苦和奇的鍛煉中，王易的詩味雋永，近體風骨高峻，真氣內充，古詩騰挪跌宕，硬語排拗，顯赫於當時江西派中。

　　　寒宵病榻依兄弟，人海流波自送迎。已分東西終逆旅，偶持哀怨入孤鳴。疏燈老屋林園夢，冷月晶霜上下清。共此鄉心幾千里，倚閭辛苦若為情。

此首《月當頭夜懷母示三弟》是王易寫給三弟王浩（思齋）的，月影清寒，江鄉路遠，兄弟遠隔，鄉思親情，情溢滿紙。此詩詞淨而意沉，已分東西道出遙隔之遠，哀怨孤鳴則直抒思念之深，老屋林園、舊時相伴已成冷月空夢，筆似山谷之桃李春風，

29　錢仲聯：《論同光體》，《夢苕庵清代文學論集》，第119頁。

30　黃庭堅：《答洪駒父書》，《中國文學批評史中冊》，王運熙等編，上海古籍出版社，1987年版，第74頁。

31　陳衍：《重刻晚翠軒詩序》，舒蕪等編《近代文論選》，第390頁。

江湖夜雨，而不失流易真摯。集中七律如《九月初三夜遣懷》《辟疆書然弟病中語覽之泫然》《仲濤丈寄示聞歌詩感書奉懷》亦是筆力上乘之作。

王易的七絕清麗脫俗，宛然有簡齋之餘味，如《村居漫興》三首：

> 林鴉故故弄朝暮，塍草依依綠到門。流水不知春意緒，亂將花片去前村。
>
> 雨腳連山滯不行，流鶯時作可憐嚶。綠窗夢覺慵推枕，多謝斜陽屋角明。
>
> 簇簇新桃隔古津，閒閒涼月待歸人。相期旱歲為霖雨，只有山雲最苦辛。

此組流麗淡雅，詩味清新，山居之閒之恬之寂之幽，諸感交通，一掃此類題材常見的平板和重複，是王易絕句中的代表作。

王易本身精湛於詞學，其詞作綿麗悠遠，詞語刻練，多學夢窗之密，又有常州派含而不露，溫麗秀婉，在作品中講究寄托的風氣。正如他在《鏤塵詞》詞序中自道「意隱而寂，音哀以思，或托於物，或寓於事」，故為詞往往雅麗而不失厚重，綿邈卻還帶有空靈之感。錢仲聯在《近百年詞壇點將錄》中謂其詞：「持律謹嚴，淵識可誦。」晚清及民國初年，詞學大盛，王朱鄭文四家並世而立，其雖延續常州派理論，卻新變迭出。這中間對王易詞風影響較大的是朱祖謀。朱祖謀的詞境渾厚，氣息沉靜，格調

高簡，風度矜裝[32]，對王易的詞產生了深刻的影響。正如其《水龍吟彊村先生挽詞集彊村句》一詞中所云：

> 白頭心事飄蕭，天涯惟有啼鵑苦。舳艫夢墮，五湖計熟，殘年倦旅。老淚柴桑，義熙題遍，哀時詞賦。悵新歌散雪，迷陽唱倦，淒咽斷、蘋洲譜。
>
> 只有，高台歌舞。素心難、舊盟誰主？支離病骨，驚颷吹幕，風鐙搖暮。身世浮漚，人天孤憤，低頭臣甫。又西風鶴唳，酸聲噤月，近連橋路。

這首詞雖然是集句，但從其排布行文間，亦可以看出王易詞的嚴整精麗的風貌。上片「義熙題遍，哀時詞賦。悵新歌散雪，迷陽唱倦，淒咽斷、蘋洲譜」，雖是挽人，卻也有些夫子自道的意味。大抵與其《鏤塵詞》詞序裡面所謂「予生而多感，長而多患。世非黃農，人非屈賈。羈旅勞其骨，世變易其心，機巧攝其氣」相合。時世的板蕩，世事的艱難，親友的離散遙隔，使得王易詞在內容上低首吟哀，寄筆淒清，技法上披吟詞律，排遣聲容，嚴整精巧而能自化風格。黃侃曾經評價王易詞曰：「危城玉貌，有此高興不難，難右驅使古辭，指揮如意。蓋由詠嘆淫液之久，乃臻斯境，雲英化水，光采與同，斯之謂歟！」[33]也是相當

---

32 王鵬運：《彊村詞序》，舒蕪等編《近代文論選》，第 362 頁。
33 黃侃：《鏤塵詞》序，河南大豫石印局印，壬子（1912）年石印。

中肯的。

王易長調猶以學夢窗最工，在其《詞曲史》中認為吳文英之《鶯啼序春晚》「猶婉密騷雅，惆悵切情，集諸家之長，而無諸家之弊」[34]，故而在王易的集中，不難發現其深賞追慕之作，如：

> 抵掌挑燈，聯吟踏月，慣盤桓共子。更誰料、佳景無多，亂風愁雨又至……（《鶯啼序‧無端又傷遠別》）
>
> 璧月宵明，瓊卮夕泛，漫臨風念子。更魂斷、細雨紛紛，清明時節又至。望江南，青山如畫，為長送，歸帆東指。算天涯，荒草萋萋，自饒春意……（《鶯啼序‧得琅軒自滬來書並詩一章卻寄用前送別韻》）
>
> 青山不語，秀草長榮，尚似舊時美。台榭靜、苔痕斷續，似有人到，雨冷塵封，久疏吟事。墨花隱約，紗籠何處……（《鶯啼序‧江亭覽勝用夢窗豐樂樓韻》）

這些作品都寫得低迴婉轉，雅麗脫俗，於步武夢窗之外，更寄情懷，同時練字精妍，妙境迭出，當是王易詞中的上品。

兩宋詞家通音律者而能自度曲者比比皆是，但由於音律失傳，後世詞家對於自度曲一直諱莫如深，更有甚者每以墨守詞律而自矜，卻往往落得損傷意境。對此王易認為：

34　王易：《析派第五》，《詞曲史》，第 448 頁。

其實填詞者，惟須避其雙聲累字已足，奚必以相生之說，故為屬雜耶。明是道也，不必震於古人之盛名，盡可自度他曲。所謂運用之妙，在乎一心也。（《春愁曲（自度）序》）

這也和他在《詞曲史》中主張革新的理論相互印證，在創作中實踐了其詞的「調譜可變，而聲韻不可革也」；「今使革新者知本進步之原理，於聲韻則益求精微，參以時代之精神，於調譜則化其拗折，則不百十年，或有一種新詞挺生乎！」[35]這一觀點。王易小令所作不如長調，但也有精緻可觀之作，如《唐多令書感》《菩薩蠻諸昆弟送別即書》，但總的來說，在王易的詩詞創作中，詞為第一，詩為第二，而詞中又以長調為最，當是的評。

作為極具現代學術眼光的學人，王易的詩詞理論富有創見，他認為：

人心情態，何啻萬千，聲本乎情，自然殊致。如其摯情流露正賴聲律，以成抑揚動靜剛柔燥濕之觀。譬如五服六章，縱異布絮之功，能資黼黻之美，苟非墨翟之非樂貴儉，

35 王易：《測運第十》，《詞曲史》，東方出版社，1996 年版，第 448 頁。

孰能拒而斥之哉。[36]

　　作為音樂與文字結合樣式，詞、曲雖然也存在著中國文學「惟務充內美，而不計外緣。其得在高超，而失在不普」[37]的缺點，但王易以聲本乎情之觀點來說明，認為其真摯的抒情、靈活的表達以及優美的樂律，當是和詩、騷、漢樂府音樂性傳統一脈相承的重要文學樣式。所以在《詞曲史》中其明確道：「文學者，學之專門者，詞曲者，又文學之專門者也。」[38]這裡專門之謂，除了形式和表達上區別於其他文學形式外，更重要的是強調了詞曲的音樂性以及詞曲對於保留我國古代音樂聲韻理論方面的重要性。也正如譚獻所謂「夫音有亢墜，故句有長短，聲有抑揚，故韻有緩促，生今日而求樂之似，不得以不有取於詞矣」[39]。王易論詞觀點重聲律，認為為詞要使詞調和文情相合，才能保持詞體，而非成所謂長短不葺之詩。同時他也注意到詞的新變和發展，他創新地提出，詞在保留聲韻的前提下，調譜可以有所創作，這樣詞才不會拘於桎梏，進而隨著時代發展而發展。

　　吳梅在《顧曲塵談》中提出：「曲也者，為宋金詞調之別

36　王易：《明義第一》第 3 頁。

37　王易：《明義第一》第 2 頁。

38　王易：《測運第十》，《詞曲史》，東方出版社，1996 年版，第 448 頁，《明義第一》第 3 頁。

39　譚獻：《復堂詞序》，舒蕪等編《近代文論選》，人民文學出版社，1999 年版，第 359 頁。

體。當南宋詞家慢、近盛行之時，即為北調榛莽胚胎之日。」[40]
在《中國戲曲概論》中則稱：「樂府亡而詞興，詞亡而曲作。」[41]
但是王易則認為：「曲主可歌，唐宋詞皆可歌，詞與曲一也，自
有不能歌之詞，而能歌者又漸變為曲，則宋元間之所謂曲也。」[42]
詞和曲的主要區別主要是結構、音律和命義。至於源流則應該存
在一個漸變和交錯的過程，而非誰先誰後、誰來源於誰的問題。
同時他反對將曲稱為詞餘，認為：「詞曲門戶各殊，勢力相等，
作者各擅其長，不相取下，安見此遂為彼之餘也。」[43]充分尊重
了曲獨立發展的歷史。

　　詞曲同源，而尊詞體，曲體，辨其源流，發覆其流變，嚴格
其創作而新變於當世，是王易對於詞、曲始終抱有的一個清晰的
態度，也是其寫作《詞曲史》的一個基本思路。誠如周岸登在
《詞曲史》序中謂王易：「以科學之成規，本史家之觀察，具系
統，明分數，整齊而剖解之，牢籠萬有，兼師眾長，為精密之研
究，忠實之討論，平正之判斷，俾學者讀此一編，靡不宣究，為
談藝家別開生面者。」王易對於現代詞學、曲學的開創建立貢獻
甚大，其聲名著作卻不如同期及稍後的吳梅、唐圭璋、夏承燾、
龍榆生等，但隨著學術發展勃興，其人其著已越來越受到當代學

---

40 吳梅：《顧曲麈談》，劉夢溪編《中國現代學術經典魯迅吳宓吳梅陳
　　師曾卷》，河北教育出版社，1996 年版，第 501 頁。《中國戲曲概
　　論》。

41 《中國現代學術經典魯迅吳宓吳梅陳師曾卷》，第 649 頁。

42 王易：《明義第一》，《詞曲史》，第 10 頁。

43 王易：《明義第一》第 12 頁。

界的研究和重視。

第三節 ▶ 胡先驌的詩及其與胡適的論爭

　　胡先驌（1894-1968），字步曾，號懺庵，新建人。讀京師大學堂後兩度留學美國，獲加州伯克利大學學士學位、哈佛大學博士學位。歸國後任教於南京高師、東南大學、北大、北師大、清華等高校，為國立中正大學首任校長、中央研究院院士、評議員，領導和參與創辦中國第一個大學生物系、第一生物研究所，推動靜生生物調查所、廬山植物園、雲南農林植物研究所等科研機構的創建和發展以及植物學教材、圖譜、專著的編撰和出版。胡先驌是中國植物分類學之父和中國植物學會第一任會長，一九四八年與鄭萬鈞聯合發布「活化石」水杉新種，轟動國際，被中外學者公認為中國近代植物分類學的奠基人之一。此外，他在歷史、地理、語言、文學方面同樣也有很深的造詣。胡先驌是南社社員，曾與吳宓、梅光迪等人合辦《學衡》雜誌，並在《學衡》上發表多篇文學評論；著有《懺庵詩稿》，近由台灣國立中正大學校友會編印《胡先驌先生詩集》，大陸國立中正大學校友會出版《胡先驌文存》。其生平事蹟詳見胡宗剛《胡先驌先生年譜長編》。

　　胡先驌出生於士大夫家庭，其父胡承弼官至內閣中書，著有《墨香居士詩稿》，未刊行。胡先驌七歲已能詩，有神童之譽。十一歲赴南昌府參加童子試，得其曾祖胡家玉門人沈曾植關照。十五歲入京師大學堂求學，同學姚鵷雛、汪辟疆、王易等皆以詩

人聞名。今存最早詩作《美洲度歲竹枝詞十首》作於一九一二年，時年十九歲。留美期間經同鄉楊杏佛介紹，於一九一四年與梅光迪一同加入南社。一九六〇年將平生所作詩稿，請錢鍾書代為選定，共得詩二九四首，逐年編次，題曰《懺庵詩稿》。馬宗霍序《懺庵詩稿》云：「君於詩自云宗宋，初從山谷入，微覺律度過嚴，無以自騁，轉而向東坡，又懼其縱駛或軼銜也。於是亦蘇亦黃，靡之呴之，久之頗欲融而為一。其於他家雖或旁有所挹，歸趣終不越也。既復念宋出於唐，唐之杜韓則蘇黃之所哺乳，因又由蘇黃以撢杜韓，而於少陵浸饋尤深云。今觀集中諸制，抒志見襟抱，述懷見性靈，寓興則旨遠辭微，論事則推見至隱。或托古以方人，或體物而窮理。要皆緯之以識，詩中有一我在。蓋已絕去町畦，自成為步曾之詩，杜韓蘇黃筌蹄而已。兼以兩涉重瀛，踐歷多異，旅游所得，盡發乎詩，即目會心，有昔賢意境所未到者。故往往馳思域表，弋句象外，冥心獨造，眇合自然。」可知胡先驌初學宋詩，後由宋入唐，杜甫、韓愈、蘇軾、黃庭堅等詩人都是他取法的對象，博採眾長，而終能自成一家。其詩氣骨開張，蒼雄雅健，如《壯游》《三十初度言志》《南征》等，皆宏贍高古、波瀾壯闊之巨制。

胡先驌文理皆通，學貫中西，詩作兼有科學家的理性分析和詩人的浪漫想像，平生遍游名山大川，集中多記游之作。以早期作品《北雁蕩》為例，此詩作於一九二〇年，開篇以科學家眼光交代名山的形成：「先此千萬年，甌越皆大海。雁山百十嶂，歷歷置棋在。風濤日項洞，礁穴孕虺雷。一朝變滄桑，遂爾面目改。」而後描寫所見奇景，「天柱屹立四十丈，屏霞絕嶂連雲

遮。雙鸞含珠盡珍怪，老僧石佛安禪跏」。時值亂世，詩中難免有今非昔比之感，但見「精藍十八今半廢，能仁淨名如破衲。殿前佛面半剝落，僧寮往往集豕犯」。詩人感慨「世間興廢未可道，緬懷古昔徒嗟呀」，於是「小留三日惻然去」。詩人既讚嘆「龍湫梅雨雙瀑好，奔騰有如赴壑蛇」的壯美，也欣賞「綠陰滿庭苔滿砌，壁間時有作篆蝸」的幽靜。此次雁蕩之游，給詩人留下了深刻的印象，「至今魂夢縈煙霞」。

　　清末民初以來，有不少科學家兼詩人的傑出之士，但能將科研和詩歌創作結合起來，並且都取得了不凡的成績的人，並不多見，胡先驌可算其中的佼佼者。胡先驌詩中，對於日蝕、月蝕、佛光等自然現象都有所描述。其晚年代表作《水杉歌》長韻作於一九六一年，詩前有小序云：「余自戊子（按：即 1948 年）與鄭君萬鈞刊布水杉，迄今已十有三載。每欲行之詠歌，以牽涉科學範圍頗廣，懼敷陳事實，墜入理障，無以彰詩歌詠嘆之美。新春多暇，試為長言。典實自琢，尚不刺目。或非人境廬捃摭名物之比耶？」[44]敘創作由來及詩歌特色。胡先驌本人對此詩頗為珍視，曾致函龍榆生談及《水杉歌》創作：「《水杉歌》承過獎，至為慚惡，然此詩在我國韻文中實為創體，蓋不但多識鳥獸草木之名，而能將最深邃之科學知識，以優美之詩歌闡述之。《宇宙

44　胡先驌著，張紱注：《懺庵詩選注》，四川大學出版社，2010 年版，第 228、292 頁。

航行歌》亦其流亞。」[45]並自譯《水杉歌》成英文，在香港《東方地平線》（Eastern Horizon）第五卷第四期上刊出。陳毅讀後題識云：「胡老此詩，介紹我國科學上的新發現，證明中國科學一定能夠自立，且有首創精神，並不需要俯仰隨人……此詩富典實，美歌詠，乃其餘事。值得諷誦。」一九六二年二月十七日《人民日報》刊發《水杉歌》一詩。此詩是作為科學家的詩人，描寫所研究對象的典範詩作之一，在中國當代詩壇和中國當代科學史上都有重要的意義。

　　胡先驌一生探索治亂之由，懷抱兼濟之志，發而為詩，集中寫時事之作，如《書感》《樓居雜詩》等，悲民族危亡，時局變幻；痛報國無門，請纓無路。愛國憂生，語意淒涼，體現了一個正直的知識分子的責任感，其詩中所流露出來的高潔真誠的人格魅力，也足以打動讀者的心扉。

　　胡先驌不僅是一位詩人，而且是一位頗有見識的文學批評家。他與胡適的論爭，是中國二十世紀文學史上一場重要的文學論爭。一九一四年，經楊杏佛介紹，胡先驌與同在美國留學的胡適結交。「二胡」之爭，並非個人私怨，而是代表了當時對於文學改革的兩種不同觀點。對於以胡適為代表主張全盤西化的文學革命論，胡先驌並不贊成。一九一九年，胡先驌撰寫《中國文學改良論》一文，批評胡適所倡導的白話文和文學革命，以西方文

45　胡宗剛：《胡先驌先生年譜長編》，江西教育出版社，2008 年版，第611 頁。

學的歷史為例，闡明文學改良的途徑。隨後在《學衡》雜誌上陸續發表《評〈嘗試集〉》《論批評家之責任》《評〈五十年來中國之文學〉》《文學之標準》等文章。胡先驌認為白話文不能全部取代文言文，要改良文學，創造新文學，不能割裂傳統，必須以古文學為根基，將中國文學發揚光大。

　　一九二一年，胡先驌與吳宓、梅光迪等人創辦《學衡》雜誌，次年開始在《學衡》雜誌上發表《評趙堯生香宋詞》《評阮大鋮詠懷堂詩集》《讀鄭子尹巢經巢詩集》《評金亞匋秋蟪吟館詩》《評朱古微彊村樂府》《評俞恪士觚庵詩存》《評張文襄公廣雅堂詩》《評陳仁先蒼虬閣詩存》《評文芸閣雲起軒詞鈔王幼遐半塘定稿剩稿》《評劉裴村介白堂詩集》等多篇詩詞評論，開清詩研究先河，並奠定了其在近代文學批評史上的地位。錢仲聯《近百年詩壇點將錄》稱：「所撰評論鄭珍、金和、張之洞、陳曾壽、劉光第、俞明震諸家詩集之專文，闡述詳盡，評騭精確，究心近人舊休詩者，不可不讀也。」[46]

　　胡先驌論詩，甚為推崇同光體，曾在英文期刊《天下》刊登《陳散原先生評傳》一文。並編輯其師沈曾植《海日樓詩集》六卷，撰寫跋語。胡先驌工詩，也擅填詞，《留美學生季報》第三卷第一號刊胡先驌來美後詞作若干首，名之曰《懺庵詞稿》[47]。

46　錢仲聯：《近百年詩壇點將錄》，《當代學者自選文庫錢仲聯卷》，第689頁。

47　胡宗剛：《胡先驌先生年譜長編》，第45頁。

錢仲聯《近百年詞壇點將錄》一文也將胡先驌列入其中，並對胡適曾在《文學改良芻議》一文中批評胡先驌詞作表示不同見解，在某種程度上肯定了胡氏的詩詞創作。

第四節 ▶ 楊杏佛的詩

　　楊杏佛（1893-1933），譜名宏甫，字杏佛、死灰，以杏佛字行，江西清江（今樟樹市）人，出生於江西玉山。畢業於上海中國公學。一九一一年加入同盟會，一九一二年任南京臨時總統府秘書。不久赴美留學，攻讀工商管理、經濟學和統計學，立志科學救國，發起並創辦《科學》雜誌。一九一八年畢業回國，歷任南京高等師範學校、東南大學教授，一九二二年與趙元任等創立中國科學社。北伐期間任孫中山秘書，備受孫氏及國民黨左派賞識。楊杏佛是近代中國科學與民主精神的極力追求者和力行實踐者，他始終以一個愛國者、民主鬥士的身姿出現在爭取民主的隊伍前列。作為中國民權保障同盟的總幹事，他大義凜然，為人權和民主奮力奔走呼籲，深為當權所忌，一九三三年夏慘遭國民黨特務槍殺。這一因民主人權而喋血犧牲的事件，一時激起輿論的普遍公憤，魯迅即有詩悲悼曰：「豈有豪情似舊時，花開花落兩由之。何期淚灑江南雨，又為斯民哭健兒。」[48]作為社會活動

48　魯迅：《悼楊詮》，《魯迅作品全編詩歌卷》，周振甫編，浙江文藝出版社，1998 年版，第 150 頁。

家、中國人權運動的先驅，楊杏佛在中國現代史上留下了不朽的英名。有《楊杏佛文存》《楊杏佛講演集》等傳世。

楊杏佛少年即工詩詞，一九一二年經由柳亞子介紹加入著名文學社團南社。錢仲聯在《南社吟壇點將錄》評其詩曰：「杏佛奇士，詩非凡響。」[49]楊氏詩今見《江西文史資料第三十八輯》，其中收入四十三首，絕大部分是楊氏在國內所作。未收錄部分，散見於《南社叢刻》《胡適日記》及《申報》等。楊氏在美國期間創作的詩詞，部分寄回國內發表於《南社叢刻》。《康橋集詞》和《康橋集詩》是他在美國留學時期的作品精選。楊杏佛一九一七年七月始，將哈佛大學時期所作詩詞陸續抄錄成冊，因哈佛大學地處康橋而取名《康橋集》。回國後，又分別補入兩首詞和詩。《康橋集詞》共收錄詞十九首，《康橋集詩》共收錄詩五十一首。

楊杏佛是一個民主戰士，他的詩中有著強烈的使命感和為國家鐵肩擔當的責任感，也有著強烈的功名意識，他的詩記錄了他為國家、為民族、為民主而戰的心路歷程。如：

　　惡病如惡仇，國弱身宜強。男兒非不死，割脛固其常。身當填溝壑，何能老臥床。急弦無柔聲，雖斷終激昂。小子亦有志，臨危不敢忘。生當為國瘁，死當為國殤。(《雜

49　錢仲聯：《南社吟壇壇點將錄》，《當代學者自選文庫錢仲聯卷》，第726頁。

憶》）

　　子雲甘寂寞，誰為眾生謀。（《旅舍聽雨》）

　　上壽少八十，人有百年業。（《病院述懷》）

　　「今日不揮閒涕淚，更何方法遣今生。」「雄談夜半斗
牛寒，淚漬蟫魚死不干，吟到恩仇心事湧，忽收古淚出長
安。」（《感事十絕集定庵句》）

　　作為一個革命者兼詩人的楊杏佛，他具有革命者的陽剛與豪
邁，卻也不乏詩人的敏感和細膩，面對時事紛亂複雜，革命的前
途未卜，百感結心而落筆成詩，在他想為而不能為時極為痛苦地
寫道：

　　看花無語淚痕多，萬疊新愁壓翠娥，春好恰逢人怨別，
晝長幸有燕能歌。笑桃門戶斜陽戀，錦瑟年華逝水過……一
捻舞腰消瘦盡，此情惟有帶圍知。（《春閨》）

　　承平在何日，誰能辟鴻蒙。仰面羨啼鳥，行路無西東。
（《集古》）

　　揮手從此別，青山空低昂。青山與兩友，回首兩茫茫。
（《將去白山留別擘黃樹人亦農》）

　　豈不思從容，歲月苦相逼。（《病院述懷》）

　　這些詩作或表現了楊杏佛對中國當時景況的無奈，或抒發一
種英雄無用武之地的感慨，或直道有追求的苦悶、彷徨與焦灼，
抑情無計，悲慨漫膺，極能打動人心。

相對來說，楊杏佛的詠物詩較少，但從不可多得的詠物詩中也可窺見楊氏詩風的獨特風味，想落天外，視角細膩，筆力靈動。如：

> 落日散霞綺，飛天滿宇隙。又似天公醉，紅雲生兩頰。海若默無言，更進千頃碧。肴骨落杯中，化出數峰突。浩浩滄波橫，泛泛遠帆白。何來大畫工，奇景紛五色。須臾日沉波，萬象忽成黑。眾山疊浮雲。燈火出漁室。客意不可收，佇立望寥廓。（《海中觀落日》）

此詩頗具六朝風尚，恬淡雅致卻無刻意拼湊之感，以眼目驅筆，長霞橫峰，浩波遠帆，興像繁多而順序有致，空間時間安排巧妙，使人漫生親臨之感。楊杏佛喜作哲學思考，一些景物進入他的視野，他「沉思忽有悟」，使得這些因景物而產生寫作沖動的詩作沒有滑入詠物詩的軌道，卻閃爍哲理的光芒。如《春日寄興》：

> 獨臥南窗下，游心於清溟。沈思忽有悟，杳然忘其形。北溟化鵬魚，何異腐草螢。柳絮方隨風，不覺為青萍。生既未入夢，死亦何嘗醒。大化水過壑，流轉無時停。生滅理既齊，何必采茯苓。

此詩寫他春日獨臥南窗之下，見到柳絮隨風飄揚，落入池塘，結果成了青萍的養料。在此，他悟出了一個道理，大自然的

造化規律豈不都像柳絮轉化為青萍一樣，「流轉無時停」，人的生生死死應與此同理，我們何必怕死而去採補藥以求長生呢，何不順應事物的變化規律，努力為世界和人類作貢獻。當他看到蒲公英「黃花彌田野，宛轉依人足」時，並不因蒲公英被踐踏、受凌辱而給與同情，相反，他讚美蒲公英「終以自處卑，不畏風雨酷」的高貴品質，頑強地爭取生存，為大自然的萬千姿態作出無私貢獻。由此他決心以高尚純樸的蒲公英為榜樣，決不為個人的細小瑣事爭強好勝，而要「大化惠無私」，為人類作奉獻。

值得一提的是，楊氏作詩頗重詩題，他詩題的情感色彩非常濃。他喜歡以具有濃烈感情色彩的字眼作詩題。在《康橋集詩》五十一首詩中有兩首《怨詞》，其他的有「恨」「哭」「喜」「苦」「嘲」「病」「歌」「懷」「感」「雨」等。

楊杏佛不但寫詩，而且因為英文好，還常譯詩。曾見雪萊詩語多新意，而又放肆不羈，乃將其詩四首譯成中文，發表於《南社詩集》。楊杏佛也寫過白話詩。在康奈爾留學時，因綺色佳劃船翻船之事，任鴻雋寫了一首《泛船即事》長詩寄給胡適。詩中有「猜謎賭勝，載笑載言」的句子，胡適回信批評：「上句為二十世紀的活字，下句為三千年前的死句，殊不相稱也。」從此，在胡適、楊杏佛、任鴻雋、梅覲莊、朱經農之間展開了一場關於白話詩的爭論。楊氏曾寫信讚許胡適的《黃蝴蝶》《嘗試》《他》。胡適曾說過，如果沒有楊杏佛的鼓勵，可能就不會有《出國集》。楊氏編《科學》雜誌，為了組稿，忙得手忙腳亂。有一次，他寄給胡明復一首白話詩，囑他向趙元任催稿，詩曰：「自從老胡去，這城天氣涼。新屋有風閣，清福過帝王。清閒心不

閒，手忙腳更忙。為我告夫子，《科學》要文章。」文字淺顯，文從字順。此詩儘管意蘊不足，感情力量不足以動人，但嘗試的勇氣值得肯定。較之此首詩，楊氏於一九二七年所作的《犧牲或墮落》，無論從感情的充沛、技巧的運用來說都成熟許多。此詩中他盡情地抒發了自己為追求光明而不懈追求的決心：「同志們，我廢了/但是不敢後退/與畏縮落伍的行屍作伴/還情願和被創的戰士在血泊中僵睡。」

　　楊杏佛的詞豪放與婉約兼具，讓人在品讀之間自有一股鐵骨柔情之感。首先，我們應該明確的是，在楊氏手中，詞與詩一樣是他抒情言志的一種方式。為了在中國推行效率主義，他放棄了原來的電機專業而改習工商，決心通過研究經濟管理以合理解決當時普遍存在的勞工問題，使「斯民」真正得到溫飽。送給胡適的《水調歌頭》充分表達了他以上思想的變化：

　　　　三稔不相見，一笑遇他鄉。暗驚狂奴非故，收束入名場。秋水當年神骨，古柏而今氣概，華貴亦蒼涼。海鶴入清冥，前路正無疆。羨君健，嗟我拙，更頹唐。名山事業已分，吾志在工商。不羨大王聲勢，欲共斯民溫飽，此願幾時償？各有千秋業，分道共翱翔。

　　他始終以積極的態度面對現實社會，大聲疾呼、勇敢地戰鬥，從不退縮。一九一三年，他讀到了柳亞子的《分湖舊隱圖》，隨即作《賀新涼》一首寄與亞子，他認為：當「滿眼湖山殺氣」和「兒女新亭墮淚」之時，有志之士不應該避世歸隱，而

必須不畏強權，做一個「扶危奇士」。他表示要與亞子一起，共同肩負起救世重責。他的詩詞，愛國情盛，報國心切，為民主高呼、為民族而戰的風貌一脈相承，在豪放之外、悲慨之餘，將對革命的激情、生活的熱愛寄於紙端，除風力獨具外，更將強烈的時代氣息和詩人個性鮮明的浪漫氣質融匯一爐，在當時即影響巨大，而延至今日則更成了近代史學、文學研究中值得參考和關注的重要資料。

第五節 ▶ 龍榆生詞及《詞學季刊》

龍榆生（1902-1966），江西萬載人。名沐勳，字榆生，以字行世。在家族中行七，故又自稱龍七。室名風雨龍吟室、忍寒廬、受硯廬。受硯一名，乃因龍氏二十年代末期至上海問學於朱祖謀，朱祖謀去世前以遺稿及校詞所用的朱墨雙硯傳付龍榆生，並請夏敬觀繪《上彊村授硯圖》[50]。作為晚清四大詞人朱祖謀的授硯弟子，龍氏的詞學成就承前啟後，與夏承燾、唐圭璋並稱於當世，是為現代最有影響力的詞學專家之一。自一九二八年經陳衍介紹到上海暨南大學教書以來，龍榆生先後任教於上海暨南大學、上海國立音樂學院、中山大學、中國公學、光華大學、復旦大學。淪陷期間應汪精衛之邀赴南京參與「和平運動」，後任偽中央大學文學院院長，一九四三年秋起以中央大學文學院院長的

50　張暉：《龍榆生先生年譜》，學林出版社，2001年版，第39頁。

889

身份兼任南京文物保管委員會博物專門委員會主任委員，負責與日本人交涉、保護文物，任職於偽政府（1940-1945），是龍氏一生之污點，雖其自稱不問政治，願意投身文化教育事業[51]，然正如錢鍾書詩中所謂：「負氣身名甘敗裂，吞聲歌哭愈艱難。」[52]龍氏所願不過一廂而已。抗戰勝利以後，遂被國民政府以「通敵謀國」罪判處十二年徒刑[53]。解放後，受聘上海音樂學院教授，一九六六年十一月十八日因病去世，卒年六十四。

龍榆生詞學論著頗豐，且具有開創性，在其主編的《詞學季刊》《同聲月刊》上發表過眾多重要的詞學論文，如《詞體之演進談》《談詞的藝術特徵》《選詞標準論研究》《詞學之商榷》等，是為以現代學術思維發展詞學之力作。其主要著述有《唐宋詞格律》《唐宋詩學概論》《中國韻文史》《詞曲概論》《詞學十講》。選注本有《唐宋名家詞選》及《近百年名家詞選》。詞集有《風雨龍吟詞》《忍寒詞》，今見於《龍榆生詞學論文集》所附《忍寒詞選》。

龍榆生精於詞學，故為詞研練聲律，簡雅端莊，又近得彊村真傳，「超出流輩」[54]。其詞清雄有東坡之風貌，磊落得賀鑄之

51　張暉：《龍榆生：徘徊在文化與政治之間》，《粵海風》，2006 年第 5 期。

52　錢鍾書《得龍忍寒金陵書》，《槐聚詩存》，三聯書店，2002 年版，第 73 頁。

53　張暉：《龍榆生：徘徊在文化與政治之間》，《粵海風》，2006 年第 5 期。

54　夏敬觀：《忍古樓詞話・龍榆生》，《詞話叢編》，第五冊，第 4777

筆意，而婉約遠祖夢窗、白石，空密相間，綿邈無窮，又兼學清真之莊雅、碧山之清雋，博採眾長，自成一家。錢仲聯《近百年詞壇點將錄》以龍榆生為「地健星險道神郁保四」，蓋為全榜之壓軸，雖稍有戲語之嫌，然以其詞聲勢工穩韻位和諧為之「健」，以化境獨出不落俗套為之「險」，卻不失為一中肯之談。

龍榆生之《忍寒詞》集分甲乙二稿，甲稿亦署《風雨龍吟詞》[55]，龍氏俊才非常，夏敬觀謂曰：「坐談之頃，驚其才俊篤學。」[56]況以風雨龍吟自矜，故其集中時見拗怒響雲之作。如：

> 青天難問，待擊唾壺歌。驚殘破，遭折挫。看山河。淚痕多。掩面愁無那。民德墮。顛風簸。燎原火。滔天禍。可奈何。鬼哭神號，罪孽誰擔荷。滿地干戈。恨高衢大道，翻作虎狼窩。吞噬由他。不須呵……（《六州歌頭·感憤無端長歌當哭以東山體寫之》）

此詞頗似賀東山「少年俠氣」一闋之餘響，更兼嗟傷世事，百憂搗心，粗豪間悲憤難抑而激越滿懷，當是其龍吟風雨之代表作。賀鑄為詞雖以雍容妙麗著稱，然其英雄仗劍之作，較東坡而更狂，稼軒豪放穠麗之處，亦由此脫胎，朱彊村嘗謂其詞「橫空

頁。
55 《忍寒詞》線裝鉛印本，自印於民國三十七年。
56 夏敬觀：《忍古樓詞話·龍榆生》，《詞話叢編》，第五冊，第4777頁。

盤硬語」[57]。龍榆生此詞如擊節浩歌，登高長嘯，雖硬語怒拗，然襟懷磊落可以頡頏東山，字裡行間的風發意氣，似乎還歷歷在眼。

龍氏詞雖偶有豪放之筆，然其整體詞風仍以婉約為尚，且匯眾家之擅場，驅情於文而力求妥帖詞牌、聲容，如：

> 伶俜應自慣，惜餘春、風飄雨淋何限。綠江南，泛軟波蘭棹，酒痕都浣，旅逸塵遙，尋夢影苔衣藤蔓。暗省幽吟，愁問重來，畫梁都盡……
> （《三姝媚·春中薄游金陵寄宿中正街交通旅館知本散原精舍海棠一樹照影方塘徹夜狂風零落俱盡感和夢窗》）
> 聽蕭蕭落木下亭皋，客心似楓丹。正極天兵火，秋生畫角，無語憑闌。金粉南朝舊恨，還向鏡中看。爭奈登臨地，都是愁端……（《八聲甘州·庚辰重九蔡寒瓊招登冶城分韻得寒字》）
> 羞入綺羅叢。高干摩空。倚天照海醉顏紅。脫盡江南兒女態，不嫁東風。
> 春事苦匆匆。心事誰同？貞姿一任火雲烘。合向越王台下住，那辨雌雄？（《浪淘沙·紅棉》）
> 任流鶯、喚回殘夢、青溪知在何許？六朝金粉飄零盡，淒斷鳳簫閒譜。君試覷，甚幾縷煙絲，能繫斜陽住。惜春將

---

57 龍榆生輯：《彊邨老人評詞》，《詞話叢編》，第五冊，第 4379 頁。

去。怪燕子烏衣，暫離飛幕，猶趁亂紅舞……（《摸魚兒‧丙子上巳秦淮水榭禊集釋戡來書索賦走筆報之》）

在《論常州詞派》中龍榆生嘗道：「小令並崇溫、韋，輔以二主、正中、二晏、永叔；長調則於北宋取耆卿、少游、東坡、清真、方回，南宋取稼軒、白石、夢窗、碧山、玉田。以此十八家者，為倚聲之軌範。」[58]故龍氏為詞：「不侈言尊體以漓真，不專崇技巧以炫俗。庶幾涵濡深厚，清氣往來。」得白石之清空、夢窗之密麗，又佐以稼軒之爽朗，同時兼學北宋諸家之長，雖絢麗亦不乏清雋，快逸且不去端穩，交匯非常，蔚然可觀。

龍榆生詞題以唱酬奉和為多，在寄答中間或別寓微意，卻往往耐人琢磨，較以一些疏淡的小詞，落筆間未有酬答分韻逞才襯人的斟酌慎重，倒更顯得流易曉暢而真摯非常。

耿耿向宵闌，淒感無端，誤身原只為儒冠。閒把杜陵詩詠罷，歸雁聲酸。
曙色入窗寒，熱淚偷彈，尋思不信見時難。興廢總關吾輩事，報導心安。（《浪淘沙‧乙酉十二月一日昧旦有懷留京兒女作》）

此詞作於一九四六年一月，抗戰終於勝利，徘徊在文化與政

---

58 龍榆生：《論常州詞派》，《龍榆生詞學論文集》，第 442 頁。

治之間的龍榆生，以往之偷生忍辱，也隨著日寇的敗亡而消失，但是「在大多數人的心目中，他參加了汪政權，不管有沒有參加政治活動，或者在文化上有著什麼樣的功績，他還是一個政治的罪犯。從政治退守到文化，只不過是從政治上的合作變成文化上的合作，其合作的本質並沒有改變」[59]。誤身儒冠，還是於殘酷政治面前的一點讀書人的天真，讀其詞，想其為人，或許只有一句「熱淚偷彈」能夠表白些他的那時心跡。

　　評價歷史人物，應以其時代處境而具了解之同情。龍榆生作為「在詞譜、詞律、詞史、詞論等領域都取得了全面的成就，是學術界公認的詞學大師」[60]，不能因為其「一失足便成千古恨而絲毫不去理會」；或者「以為是漢奸文人因而鄙薄之、漠視之，讓其人以及其文字速朽做化石狀」[61]。回顧龍榆生的詞學成就，其所創辦的《詞學季刊》猶是重要一端，龍氏後人在回憶中曾記道：

　　　　一九三〇年十二月，先君有感於日本學者今關天彭《清代及現代的詩餘駢文界》之發表，遂傾力於詞學研究，開始撰寫詞學論文。一九三三年至一九三七年，先君寫作論文較

59　張暉：《龍榆生：徘徊在文化與政治之間》，《粵海風》，2006 年第 5 期。

60　張宏生：《龍榆生先生年譜序》，張暉著《龍榆生先生年譜》，學林出版社，2001 年版，第 3 頁。

61　散木：《讀龍榆生先生年譜》，《讀書》，2006 年第 2 期。

多，主要載於他主編的《詞學季刊》上，內容較廣泛，主要對詞學的若干方面進行了探討、研究和論述，對五代、宋有代表性的幾位詞人也分別作了剖析和評價。[62]

《詞學季刊》創刊於一九三三年，是龍榆生在葉恭綽等人資助下主編的第一份詞學專門刊物，由上海民智書局出版發行，至一九三六年為局勢緊張而停辦前，共出版十一期。其內容分論述、專著、遺著、輯佚、詞錄、圖畫、僉載、通訊、雜綴九項，受到了整個詞學界的廣泛支持，當時詞壇耆儒少長咸集於《詞學季刊》，如吳梅、夏敬觀、葉恭綽、冒廣生、張爾田、王易、趙尊岳、夏承燾、唐圭璋、俞平伯、盧冀野、繆鉞等，其稿件質量之上乘，討論範圍之廣泛，後世罕有其匹。如《學詞目論》《詞集提要》《汲古閣所刻詞補遺》《賀方回年譜》《與夏瞿禪論白石旁譜書》[63]，這些論文或綜述，或立論，或輯佚，或商榷，極大地豐富了詞學理論，使得《詞學季刊》這份刊物「有力地促進了詞學研究的系統性、規模化」[64]。這一階段，龍榆生校輯整理了

---

62 龍廈材：《龍榆生詞學論文集後記》，《龍榆生詞學論文集》，第 645 頁。

63 《學詞目論》，王易著載《詞學季刊》創刊號，1933 年 4 月。《詞集提要》，趙尊岳著，載《詞學季刊》創刊號，1933 年 4 月。《汲古閣所刻詞補遺》，唐圭璋著，載《詞學季刊》創刊號，1933 年 4 月。《賀方回年譜》，夏承燾著，載《詞學季刊》一卷二號，1933 年 8 月。《與夏瞿禪論白石旁譜書》，吳梅著，載《詞學季刊》一卷二號，1933 年 8 月。

64 張宏生、張暉：《龍榆生的詞學成就及其特色》，《江西社會科學》，

今釋澹歸《遍行堂集詞》、勞紡《織文詞稿》及《彊邨老人評詞》《大鶴山人詞話》等，皆刊行於《詞學季刊》，而且他作為主編，每期都堅持在刊物上撰寫一篇論文，這些論文一改過去傳統論詞「所作評論，所持觀點，多為簡潔抽象之辭，缺乏具體分析，」「新派詞學家如胡適等，視詞學過於輕易，主要從感性出發」[65]的流弊，而是以現代學術規範對詞的起源、詞的發展、詞的創作、詞的藝術風格以及作家作品進行了全面的探討。

　　在《研究詞學之商榷》[66]中，龍榆生正式界定詞學內涵，系統列舉了詞學研究的八個方面。在圖譜、音律、詞韻、詞史、校勘之傳統詞學成就的基礎上，又提出從聲調、批評、目錄等方面發展詞學理論，「這樣的界定與劃分，既簡潔明了，又井然有序，前所未有，新天下人之耳目，實具劃時代的意義」[67]。在《今日學詞應取之途徑》中，龍榆生認為為詞應當「義在感人，應時代之要求，以決定應取之途徑，此在詞學日就衰微之際，所應別出手眼，一明旨歸者也」[68]，方可以於一代有一代文學的演進中歷久彌新。同時龍氏還對詞牌、聲律有一系列系統而深入的研究，發表了《詞律質疑》《論平仄四聲》《填詞與選調》等，在前人的基礎上總結而創新，對韻位疏密與表情的關係，詞的句

2004 年第 3 期。

65　段曉華：《淺析龍榆生的詞學觀》，《江西師範大學學報（哲學社會科學版）》，第 31 卷第 4 期，1998 年 11 月。

66　原載於《詞學季刊》第一卷第四號 1934 年 4 月，1935 年 1 月。

67　段曉華：《淺析龍榆生的詞學觀》。

68　龍榆生：《今日學詞應取之途徑》，《龍榆生詞學論文集》，第 113 頁。

法、詞的結構、詞中的比興及對偶等進行了剖析，更加明確了詞的音樂本質。夏承燾曾經評價龍榆生「長於推論」，在詞的風格流派上勇於立論，一改往日詞學門戶之習見，其《兩宋詞風轉變論》《東坡樂府綜論》，溯源詞史，而別闡新論，猶其是在陳廷焯、王鵬運標舉蘇辛的基礎之上，高度評價蘇辛一派在詞史上的地位，認為詞至蘇軾，發生一大轉變，其特點則在破除狹隘的觀念與音律的束縛，使詞的「內容漸趨豐富，體勢益見恢張」[69]。他甚至有「私意欲於浙、常二派之外，別建一宗」[70]的想法，這個派別當以蘇辛為楷模，以「權奇磊落、豪情壯彩」之詞來振當時「國事之削衰，士氣之消沉」[71]。然而抗戰的爆發，結束了《詞學季刊》的黃金時代，面對敵虜凶殘、國土烽煙，龍榆生也終究沒有賦壯詞，振人心，反而走進了汪偽政府，在文化和政治間的絕望的夾縫間苟且生存。這時期，龍榆生的生活較為安定，遂創辦了《同聲月刊》。在龍氏的苦心經營下，《同聲月刊》存在五年，雖然較《詞學季刊》大為不如，但仍然刊載了許多重要的學術論文，對於研究四十年代的詞學發展有著重要的意義。

69　龍榆生：《宋詞發展的幾個階段》，《龍榆生詞學論文集》，第 243 頁。
70　龍榆生：《今日學詞應取之途徑》，《龍榆生詞學論文集》，第 113 頁。
71　龍榆生：《今日學詞應取之途徑》，《龍榆生詞學論文集》，第 116 頁。

參考文獻

1. 陳誼：《夏敬觀年譜》，黃山書社，2007 年版。

2. 胡先驌：《胡先驌文存》，江西高校出版社，1995 年版。

3. 胡宗剛：《胡先驌先生年譜長編》，江西教育出版社，2008 年版。

4. 龍榆生：《龍榆生詞學論文集》，上海古籍出版社，1997 年版

5. 錢仲聯：《當代學者自選文庫錢仲聯卷》，安徽教育出版社，1999 年版。

6. 錢仲聯：《夢苕庵清代文學論集》，齊魯書社，1983 年版。

7. 舒蕪：《近代文論選》，人民文學出版社，1999 年版。

8. 唐圭璋：《詞話叢編》，中華書局，1986 年版。

9. 汪辟疆：《汪辟疆說近代詩》，上海古籍出版社，2001 年版。

10.王易：《詞曲史》，東方出版社，1996 年版。

11.張暉：《龍榆生先生年譜》，學林出版社，2001 年版。

後記

　　《贛文化通典・詩詞卷》是南昌大學中文系古代文學專業師生的集體成果。兩年多來，我們梳理了大量地方文獻，反覆討論了項目方案，精心設計了每一編的章節內容，在合作研究與撰寫中，既充分體現了科研的團隊精神，又融入了個人的研究心得與創見。一批研究生積極參與課題，得到了課堂之外的磨煉，理論與實踐水平得以迅速提高，也是意料之中的欣喜收穫。

　　在此，有必要記下每一位參與者的辛勤勞動。邱美瓊負責第一編至第三編，並撰寫了主要章節；李精耕負責第四編至第五編，並撰寫了主要章節；段曉華撰寫了前言與第五編第五章主要部分，並負責全書方案制定與統稿。另外，陳小輝撰寫了詩文結社部分，潘永幼撰寫了女性詩詞部分，吳長庚、崔霞、王愛榮、張小華、曾春英、陳雷雷、廖雪琴、趙宏祥、周於飛撰寫了個別章節，研究生黃曉丹、趙宏祥、孫悅同學自始至終進行了校對工作。

　　一卷在手，留下師生美好的紀念。是為後記。

江西文庫 A0701B08

贛文化通典（詩詞卷） 第四冊

主　　編	鄭克強
版權策畫	李　鋒
責任編輯	林以邠
發 行 人	陳滿銘
總 經 理	梁錦興
總 編 輯	陳滿銘
副總編輯	張晏瑞
編 輯 所	萬卷樓圖書股份有限公司
排　　版	菩薩蠻數位文化有限公司
印　　刷	維中科技有限公司
封面設計	菩薩蠻數位文化有限公司
出　　版	昌明文化有限公司

桃園市龜山區中原街 32 號

電話 (02)23216565

發　　行　萬卷樓圖書股份有限公司

臺北市羅斯福路二段 41 號 6 樓之 3

電話 (02)23216565

傳真 (02)23218698

電郵 SERVICE@WANJUAN.COM.TW

大陸經銷　廈門外圖臺灣書店有限公司

　　電郵 JKB188@188.COM

ISBN 978-986-496-343-0

2018 年 1 月初版

定價：新臺幣 320 元

如何購買本書：

1. 轉帳購書，請透過以下帳戶

　合作金庫銀行 古亭分行

　戶名：萬卷樓圖書股份有限公司

　帳號：0877717092596

2. 網路購書，請透過萬卷樓網站

　網址 WWW.WANJUAN.COM.TW

大量購書，請直接聯繫我們，將有專人為您

服務。客服：(02)23216565 分機 610

如有缺頁、破損或裝訂錯誤，請寄回更換

版權所有·翻印必究

Copyright©2016 by WanJuanLou Books CO., Ltd.

All Right Reserved　　　　**Printed in Taiwan**

國家圖書館出版品預行編目資料

贛文化通典. 詩詞卷 / 鄭克強主編. -- 初版.

-- 桃園市 ： 昌明文化出版 ；臺北市 ： 萬卷

樓發行, 2018.01

　冊 ；　公分

ISBN 978-986-496-343-0 (上冊 ： 平裝). --

1.詩詞 2.文學評論 3.江西省

672.408　　　　　　　　　　　107002004

本著作物經廈門墨客知識產權代理有限公司代理，由江西人民出版社授權萬卷樓圖書
股份有限公司出版、發行中文繁體字版版權。
本書為臺灣師範大學國文學系產學合作成果。　　　校對：戴志恩